FIT-IM-KOPF-
Vorlesebücher

Was gibt's Neues, Frau Nachbarin?

ALLTAGSGESCHICHTEN

zum Gedächtnistraining
mit Übungen für Senioren

Petra Jahr | Sabine Kelkel

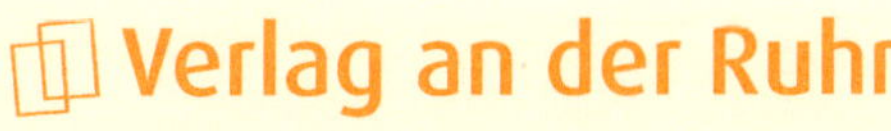

Impressum

Titel
Fit-im-Kopf-Vorlesebücher für Senioren
Was gibt's Neues, Frau Nachbarin?
Alltagsgeschichten zum Gedächtnistraining mit Übungen

Autorinnen
Petra Jahr, Sabine Kelkel

Titelbildmotiv/Icons Innenteil
© BillionPhotos_com (Frau) | Fotolia.com
© cirquedesprit (Zahnräder) | Fotolia.com

Druck
Grafisches Centrum Cuno, Calbe, DE

Verlag an der Ruhr
Mülheim an der Ruhr
www.verlagruhr.de

Wichtiger Hinweis

Die Inhalte im Buch sind von den Autorinnen mit großer Sorgfalt erarbeitet und ausgewählt worden, stellen jedoch keine therapeutischen Maßnahmen dar. Nehmen Sie dennoch eine genaue Prüfung entsprechend Ihrer Situation vor und wägen verantwortungsvoll ab, welche Übungen Sie mit welchen Personen durchführen. Wenn Unsicherheiten oder bereits bestehende Erkrankungen vorliegen, klären Sie die Anwendung mit der Pflegedienstleitung oder dem behandelnden Arzt ab. Die Autorinnen und der Verlag übernehmen weder für die Aktualität, Korrektheit und Vollständigkeit der bereitgestellten Inhalte eine Gewähr noch dafür, dass diese für Ihren individuellen Einzelfall geeignet und ausreichend sind. Alle Inhalte dienen ausschließlich der Information, ebenso wie deren Durchführung ausschließlich in eigener Verantwortung des Anwenders erfolgt.

ISBN 978-3-8346-4039-0

Inhaltsverzeichnis

Merkgeschichten

Bewegungsgeschichten

Knobelgeschichten

Wahrnehmungsgeschichten

Merkgeschichten

Mit diesen Geschichten trainieren Sie die **Merkfähigkeit**, um das Arbeitsgedächtnis (Kurzzeitgedächtnis) und das Erinnerungsvermögen wieder in Schwung zu bringen.
Die Fitness des Arbeitsgedächtnisses ist in jeder Situation unseres Lebens von Bedeutung. Ein gezieltes Training steigert unsere Merkfähigkeit und verringert zugleich die Ursachen für Vergesslichkeit. Wer sich also im Alltag mehr Dinge merken möchte, für den sind die Geschichten dieses Kapitels genau das Richtige.

Der bunte Blumenkasten

Die folgende **Merkgeschichte** beinhaltet verschiedene Blumenarten und Farben. Lesen Sie die Geschichte langsam vor und stellen Sie den Teilnehmern – je nach Leistungsfähigkeit – eine oder mehrere der folgenden Aufgaben:

- Merken Sie sich, wie viele Blumenkästen auf Ernas Balkon stehen. *(zwei)*
- Merken Sie sich alle Tiere. *(Nachtigall, Star, Hund)*
- Merken Sie sich die Blumennamen. *(Primeln, Stiefmütterchen, Tulpen, Narzissen, Vergissmeinnicht, Ranunkeln)*
- Merken Sie sich die Blumennamen und die dazugehörige Farbe. *(gelbe Primeln, rote Ranunkeln, blaue Vergissmeinnicht, rosa Tulpen)*
- Merken Sie sich die Reihenfolge der Blumen im Blumenkasten von links nach rechts. *(gelbe Primeln, rote Ranunkeln, blaue Vergissmeinnicht, rosa Tulpen)*
- Merken Sie sich die Namen der Personen und des Hundes. *(Erna, Enkelin Mathilda, Nachbar Kurt, Nachbarin Eva, Hund Otto, Evas Mann Heinz-Rudolf, Schwiegertochter Ute)*
- Merken Sie sich alle farbigen Objekte, die keine Blumen sind. *(blaue Vorhänge, rosa Pantoffeln, grünes Fahrrad, grüne Kissen, lila Gießkanne)*

Der bunte Blumenkasten

Die ganze Woche hat es in Strömen geregnet. Heute Morgen ist es anders. Es ist sehr früh und Erna liegt, in ihre Decke eingerollt, im Bett. Der Wecker hat noch nicht geklingelt, aber der erste Sonnenstrahl kitzelt schon an ihrer Nase. Mal wieder hat Erna vergessen, die neuen, blauen Vorhänge am Abend zuzuziehen. Und was für ein Gezwitscher ist da draußen zu hören? Ist das eine Nachtigall? Auch ein Star ist schon am Musizieren. Bei dem Konzert kann Erna nicht weiterschlafen.
Sie steht auf und schlüpft in ihre rosa Pantoffeln. Die hat sie von ihrer 5-jährigen Enkelin Mathilda geschenkt bekommen.
Erna frühstückt und zieht sich an. Ihre Wohnung liegt in der ersten Etage und hat einen kleinen Balkon – Ernas ganzer Stolz. Jedes Frühjahr bepflanzt sie ihre beiden Blumenkästen. Sie beschließt, dass heute der richtige Zeitpunkt dafür gekommen ist. Dann kann sie sich wieder jeden Tag an der Blumenpracht erfreuen.

Erna holt ihr Fahrrad aus dem Fahrradkeller und radelt zum Gartencenter. Die Idee, Blumen zu kaufen, haben anscheinend heute sehr viele Leute. Erna quetscht sich mit ihrem grünen Fahrrad an den vielen parkenden Autos vorbei und stellt es vor der Eingangstür in den Fahrradständer.
Im Gartencenter ergattert sie einen Einkaufswagen und geht an den langen Gängen mit aufgereihten Blumen vorbei. Die Entscheidung, welche Blumen sie dieses Jahr kaufen soll, fällt ihr schwer. Jedes Jahr sucht sich Erna eine andere Farbe aus. Dieses Jahr sollen die Blumen buntgemischt sein. Erna sieht Primeln, Stiefmütterchen, Tulpen und Narzissen. Etwas weiter den Gang runter stehen Vergissmeinnicht und Ranunkeln. Ganz schwindelig von dem großen Angebot, setzt sich Erna auf eine kleine Bank, die etwas abseits vom Trubel steht und mit hübschen, grünen Kissen dekoriert ist.

Nach ein paar Minuten Erholung nimmt sie ihren Einkaufswagen und geht noch einmal langsam an den langen Reihen mit Blumen vorbei. Erna entscheidet sich für gelbe Primeln, rote Ranunkeln und blaue Vergissmeinnicht. Vor der Kasse stehen rosa Tulpen, die packt Erna noch kurz entschlossen ein. Da wird sich ihre Enkelin bestimmt freuen. Nach dem Bezahlen stellt Erna ihre Blumen in ihren Fahrradkorb und radelt nach Hause.

Ihr Nachbar Kurt hat ihr bereits letzte Woche Blumenerde mitgebracht. Als Erna gerade die ersten Blumen einpflanzt, hört sie einen Hund bellen. Sie schaut von ihrem Balkon auf die Straße und sieht ihre Nachbarin Eva, die ihren Fahrradreifen aufpumpt. Ihr kleiner Hund Otto springt aufgeregt um sie herum. Als sie Erna sieht, erzählt sie ihr, dass sie zum Gartencenter will, um eine Zimmerpflanze für ihren Wohnzimmertisch zu kaufen. Leider hat Evas Fahrradreifen ein Loch und sie muss ihr Vorhaben verschieben. Erna berichtet von ihrem Besuch im Gartencenter am Morgen, den vielen Besuchern und dem vielen Betrieb. Das tröstet Eva ein wenig und sie verschiebt ihren Besuch auf das Wochenende. Dann kann ihr Mann Heinz-Rudolf den Fahrradreifen in Ruhe reparieren. Erna wendet sich nun wieder ihren beiden Balkonkästen zu. Zuerst pflanzt sie gelbe Primeln in die linke Ecke, daneben rote Ranunkeln, dann blaues Vergissmeinnicht und zuletzt rosa Tulpen. Sie ist richtig glücklich über das Resultat. Den zweiten Blumenkasten bepflanzt Erna genauso. Sie nimmt ihre lila Gießkanne, befüllt sie in der Küche mit Leitungswasser und gießt ihre frisch gepflanzten Blumen.
Nachmittags kommt ihre Schwiegertochter Ute mit Enkelin Mathilda vorbei. Sie haben Apfelkuchen mit Schlagsahne mitgebracht. Bevor sich alle zum Kaffeetrinken an den Tisch setzen, müssen sie erst einmal die frisch bepflanzten Balkonkästen in Augenschein nehmen.
Ernas Enkelin bittet sie, nächstes Jahr doch alles in rosa zu bepflanzen.

Gedächtnisübungen

1. Abc-Übung

Die Teilnehmer nennen zu den Buchstaben des Alphabetes Blumennamen.

Beispiele: **A**kelei, **B**egonie, **C**lematis, **D**ahlie, **E**delweiß, **F**reesie, **G**änseblümchen, **H**yazinthe, **I**ris, **J**akobsleiter, **K**rokus, **L**ilie, **M**argerite, **N**elke, **O**sterglocke, **P**rimel, **R**anunkel, **S**tiefmütterchen, **T**ulpe, **U**sambaraveilchen, **V**ergissmeinnicht, **W**icke, **Z**innie …

Tipp: Die Antworten können an einem Flipchart oder einer Tafel angeschrieben werden. Die Teilnehmer suchen nach Gemeinsamkeiten, wie z. B. Frühlingsblumen.

2. Wortkette

Die Teilnehmer sollen zusammengesetzte Wörter bilden, wobei das zweite Wort das Anfangswort des nächsten Wortes ist. Wenn es sprachlich erforderlich ist, dürfen Buchstaben hinzugefügt oder weggelassen werden.

Beispiele: Gartentor – Torbogen – Bogenschützen – Schützenfest – Festsaal – Saalmiete – Mietvertrag …

3. Das Tier in der Pflanze

Die Teilnehmer suchen Pflanzen, in denen Tiernamen vorkommen.

Beispiele: **Löwen**mäulchen, **Fuchs**ie, Fett**henne**, **Eber**esche, **Fliegen**pilz, **Bären**klau, **Hunds**veilchen, **Tiger**lilie, **Katzen**minze, **Bär**lauch …

Der geheimnisvolle Kleiderschrank

Die folgende **Merkgeschichte** beinhaltet verschiedene Kleidungsstücke in verschiedenen Farben. Lesen Sie die Geschichte langsam vor und stellen Sie den Teilnehmern vorab – je nach Leistungsfähigkeit – eine oder mehrere der folgenden Aufgaben:

- Merken Sie sich, wie alt Hannah ist. *(8 Jahre)*
- Merken Sie sich, wie die Oma von Hannah heißt. *(Trudi)*
- Merken Sie sich, wer alles am Kaffeetisch sitzt. *(Hannah, ihre Eltern, Oma Trudi)*
- Merken Sie sich, was es zu essen und zu trinken gibt. *(Streuselkuchen, Spaghetti bolognese, Schokoladenpudding, Kaffee, Kakao)*
- Merken Sie sich, welches Kleidungsstück Hannah als erstes anzieht. *(lange, weiße Handschuhe)*
- Merken Sie sich, was für ein Hut in der Hutschachtel liegt. *(blauer Florentinerhut)*
- Merken Sie sich, welche Kleidungsstücke Hannah anzieht. *(Handschuhe, Florentinerhut, Pumps, Kleid mit Petticoat, Federboa)*
- Merken Sie sich, welche Kleidungsstücke in der Geschichte vorkommen, und deren Farben. *(lange, weiße Handschuhe, blauer Florentinerhut, rote Pumps, lila-weiß getupftes Kleid mit Petticoat, schwarze Federboa)*

Der geheimnisvolle Kleiderschrank

Die 8-jährige Hannah ist schon ganz aufgeregt. Sie darf das Wochenende bei ihrer geliebten Oma Trudi verbringen. Oma Trudi ist eine quirlige, lebenslustige Person und liebt ihre Enkelin Hannah über alles. Hannah ist ihr kleiner Sonnenschein und die beiden haben immer viel Spaß miteinander. Hannah ist schon gespannt, was sich Oma Trudi für dieses Wochenende wohl ausgedacht hat. Sie freut sich besonders auf den leckeren Streuselkuchen, den niemand so gut backen kann wie ihre Oma. Und bestimmt gibt es auch Spaghetti bolognese und zum Nachtisch Schokoladenpudding. Den liebt Hannah nämlich ganz besonders, fast noch mehr als den leckeren Streuselkuchen.

Endlich ist es so weit. Hannah steht mit ihren Eltern an der Wohnungstür von Oma Trudi und klingelt Sturm. Als Oma Trudi die Tür öffnet, fällt ihr Hannah zur Begrüßung stürmisch in die Arme. Sie gibt ihr einen dicken Kuss auf die Wange. Die Wiedersehensfreude der beiden ist wirklich sehr groß.
Ehe die Eltern nach Hause fahren, trinken alle gemeinsam Kaffee und lassen sich Oma Trudis frisch gebackenen Streuselkuchen schmecken. Hannah bekommt natürlich eine Tasse Kakao. Beherzt greift sie nach einem weiteren Stück Kuchen.

Nachdem sich die Eltern verabschiedet haben, hilft Hannah Oma Trudi, das Geschirr in die Spülmaschine zu räumen. Dabei überlegt sie fieberhaft, welche Überraschung sich Oma Trudi wohl für sie ausgedacht hat. Oma Trudi, die Hannah die ganze Zeit beobachtet, muss innerlich schmunzeln. An diesem Wochenende möchte sie Hannahs lang gehegtem Wunsch nachgeben und Verkleiden mit ihr spielen.
Oma Trudis Kleiderschrank war bisher für Hannah tabu, denn der ist ihr heilig. Hannah hat sich daher schon oft gefragt, was Oma Trudi wohl so

Geheimnisvolles darin versteckt haben mag. Und so ist es nicht verwunderlich, dass Hannah völlig aus dem Häuschen ist, als ihre Oma ihr von ihrem Vorhaben, Verkleiden zu spielen, erzählt.

Schon fast ehrfurchtsvoll schließt Hannah den Kleiderschrank auf. Vor Aufregung hält sie die Luft an. Erst als Oma Trudi ihr zuzwinkert, reißt Hannah die Türen des geheimnisvollen Kleiderschranks weit auf.
Hannah macht große Augen und staunt ganz schön, denn Oma Trudis Kleiderschrank ist eine wahre Schatzkiste. Er ist prall gefüllt mit eleganten Kleidungsstücken aus den 50er-Jahren.
Hannah findet ein Paar lange, weiße Handschuhe, die sie sich sofort überstreift. In einer Hutschachtel findet sie einen ausgefallenen, blauen Florentinerhut, den sie sich sogleich auf den Kopf setzt. Sogar hochhackige, rote Pumps stehen in der hinteren Ecke, ein Überbleibsel aus Oma Trudis Jugendzeit. Hannah schlüpft hinein und geht mit wackeligen Beinen ein paar Schritte. Sie muss aufpassen, dass sie nicht über ihre eigenen Füße stolpert.
Und was entdeckt Hannah da auf der Kleiderstange? Ein lila-weiß getupftes Kleid mit Petticoat, ebenfalls aus Oma Trudis Jugendzeit. Dieses muss sie natürlich unbedingt anprobieren. Da Hannah für ihre acht Jahre relativ groß ist, passt ihr das Kleid sogar ganz gut. Es reicht zwar bis zum Boden, aber das macht nichts. Um die Verkleidung perfekt zu machen, hängt sie sich noch eine schwarze Federboa um, die sie in einer Schublade entdeckt. Hannah betrachtet sich glücklich im Spiegel und stolziert durch Oma Trudis Wohnung.

Und Oma Trudi? Die ist froh und glücklich, den geheimnisvollen Kleiderschrank für ihre Enkelin Hannah endlich geöffnet zu haben.

Gedächtnisübungen

1. Abc-Übung

Die Teilnehmer nennen zu den Buchstaben des Alphabetes Kleidungsstücke und Accessoires.

Beispiele: **A**norak, **B**luse, **C**ape, **D**amenrock, **E**instecktuch, **F**liege, **G**ehrock, **H**emd, **I**mkeranzug, **J**eans, **K**leid, **L**odenmantel, **M**ütze, **N**ickituch, **O**hrenschützer, **P**antoffeln, **Q**uadratlatschen, **R**egenjacke, **S**chlips, **T**-Shirt, **U**nterhemd, **V**elourrock, **W**ollschal, **Z**ylinder

Tipp: Die Antworten können an einem Flipchart oder einer Tafel angeschrieben werden. Anschließend fragen Sie die Teilnehmer nach eigenen Anekdoten zu den Kleidungsstücken.

2. Berufsbekleidungen gesucht

Die Teilnehmer nennen Berufe mit den dazugehörigen Berufsbekleidungen.

Beispiele: Arzt – Kittel, Astronaut – Raumfahrtanzug, Maler – Latzhose, Feuerwehrmann – Schutzhelm, Fußballspieler – Trikot ...

3. Typische Kopfbedeckungen in anderen Ländern

Die Teilnehmer nennen Kopfbedeckungen, die typisch für andere Länder sind.

Beispiele: Melone – England, Sombrero – Mexiko, Turban – Indien/Arabien, Barett – Frankreich, Stetson – Amerika, Tirolerhut – Österreich ...

Eine Reise quer durch Deutschland

Die folgende **Merkgeschichte** beinhaltet verschiedene Souvenirs, Sehenswürdigkeiten sowie landestypische Gerichte und Getränke. Lesen Sie die Geschichte langsam vor und stellen Sie Ihren Teilnehmern vorab – je nach Leistungsfähigkeit – eine oder mehrere der folgenden Aufgaben:

- Merken Sie sich das erste Reiseziel von Erwin und Helga. *(Oberammergau)*
- Merken Sie sich, womit Erwin und Helga an ihr erstes Reiseziel kommen. *(mit dem Zug)*
- Merken Sie sich, von welchem Hauptbahnhof Erwin und Helga starten. *(Mainz)*
- Merken Sie sich die Orte, an die Erwin und Helga reisen. *(Oberammergau, Glottertal, Berlin, Hamburg)*
- Merken Sie sich, welche Souvenirs Erwin und Helga kaufen. *(Holzschnitzerei, Kuckucksuhr, Ampelmann-Tassen, Buddelschiff)*
- Merken Sie sich, welche Sehenswürdigkeiten Erwin und Helga besichtigen. *(Lüftlmalerei und Kloster Ettal in Oberammergau, Weinberge im Schwarzwald, Brandenburger Tor, Unter den Linden und Alexanderplatz mit Fernsehturm in Berlin, Fischmarkt und Hafenrundfahrt mit Besuch der Speicherstadt in Hamburg)*
- Merken Sie sich, welche Speisen und Getränke in der Geschichte vorkommen. *(Weißwürste und Brezel, bayerisches Bier, Schwarzwälder Kirschtorte, Kaffee, Vesperplatte mit Schwarzwälder Brot und Schinken, „Roter Bur"-Rotwein, Currywurst, Berliner Weiße, Pannfisch, Alsterwasser)*

Eine Reise quer durch Deutschland

Erwin und Helga sind zwei rüstige Rentner, die ständig auf Reisen sind. Und so befinden sich die beiden nun auf einer Reise quer durch Deutschland mit dem Zug.
Am frühen Morgen fahren sie vom Mainzer Hauptbahnhof los. Ihr erstes Reiseziel führt sie nach Oberammergau.
Nachdem Erwin und Helga in ihrem Hotel angekommen sind, beschließen sie, den verbleibenden Nachmittag für einen Stadtbummel zu nutzen. Sie bewundern die mit Lüftlmalerei verzierten Häuser. Dann kehren sie im gemütlich aussehenden Gasthaus „Zum Seppl" ein. Dort verzehren die beiden ein paar Weißwürste mit Brezel und trinken bayerisches Bier dazu. Am nächsten Morgen fahren sie mit dem Bus zum Kloster Ettal und nehmen dort an einer Führung teil. Auf dem Rückweg zum Hotel kauft Helga noch eine kleine Holzschnitzerei.

Einen Tag später sitzen Erwin und Helga bereits im Zug Richtung Schwarzwald, denn ihr nächstes Reiseziel ist das Glottertal. Vom Bahnhof fahren sie mit dem Taxi zu ihrer Pension, wo sie bereits erwartet werden. Erwin und Helga gehen zeitig zu Bett, denn gleich morgen früh wollen sie sich zu einer Wanderung durch die Weinberge aufmachen. Nach einem reichhaltigen Frühstück und mit ihren Rucksäcken auf den Rücken geht es schließlich los. Die Sonne scheint warm auf sie herunter, während sie durch die Weinberge wandern.
Am späten Nachmittag kehren sie in einem kleinen Winzerlokal namens „Rebstock" ein. Helga bestellt sich ein Stück original Schwarzwälder Kirschtorte und eine Tasse Kaffee dazu. Erwin, der es lieber etwas deftiger mag, bestellt sich eine Vesperplatte mit Schwarzwälder Bauernbrot und Schwarzwälder Schinken. Dazu trinkt er ein Gläschen Rotwein „Roter Bur".

Auf dem Rückweg zu ihrer Pension kommen sie an einem Souvenirgeschäft vorbei. Helga ist sofort von einer Kuckucksuhr angetan, die sie unbedingt als Andenken mit nach Hause nehmen möchte. Der Verkäufer bietet Helga an, die große Uhr per Post an ihre Heimatadresse zu schicken. Glücklich und zufrieden verlässt Helga den Laden und stellt sich die Kuckucksuhr bereits an der Wohnzimmerwand hängend vor.

Vom Glottertal geht es zwei Tage später Richtung Berlin. Erwin und Helgas Hotel befindet sich in der Nähe des Hauptbahnhofes. Gleich nach dem Frühstück fahren die zwei zum Brandenburger Tor. Erwin bittet einen Passanten, ein Foto von ihm und Helga zu machen. Anschließend schlendern sie gemütlich „Unter den Linden“ Richtung Alexanderplatz, um auf den Fernsehturm zu steigen. Die Aussicht von dort oben ist grandios. Im Turmrestaurant essen die beiden eine Currywurst und trinken Berliner Weiße.
In einem der zahlreichen Souvenirläden kauft Helga zwei Ampelmann-Tassen. Diese werden sie zu Hause beim Frühstück stets an ihren schönen Berlin-Aufenthalt erinnern.

Erwin und Helga haben nun ihr letztes Reiseziel erreicht. Sie sind in Hamburg angekommen. Am nächsten Morgen geht es bereits in aller Herrgottsfrühe zum Fischmarkt. Die beiden sind von den Marktschreiern, den vielen Angeboten sowie dem bunten Treiben ganz hin und weg. Anschließend geht es zum Hafen, denn sie wollen dort an einer Hafenrundfahrt, mit Besuch der Speicherstadt, teilnehmen. Im Fischrestaurant „Blauer Wal“ essen sie Pannfisch und trinken dazu ein Alsterwasser. Leider geht auch dieser Aufenthalt viel zu schnell vorüber. Doch ehe sie die Heimreise antreten, lässt es sich Erwin nicht nehmen, ein Buddelschiff zu kaufen, das er sich schon lange heimlich gewünscht hat.

Gedächtnisübungen

1. Städte und ihre Sehenswürdigkeiten

Die Teilnehmer suchen weitere Städte und ihre Sehenswürdigkeiten.

Beispiele: Lübeck – Holstentor, Paris – Eiffelturm, Brüssel – Atomium …

2. Städte und ihre Beinamen

Es gibt zahlreiche Städte, die einen Beinamen tragen, wie z. B. Paris – die Stadt der Liebe. Die Teilnehmer suchen die entsprechenden Beinamen zu den Städten.

Beispiele: Rom – die ewige Stadt, Hamburg – das Tor zur Welt, München – Weltstadt mit Herz, Mölln – Eulenspiegelstadt, Las Vegas – die Spielerstadt, Prag – die goldene Stadt, Jerusalem – die heilige Stadt …

3. Füllwörter-Übung

Schreiben Sie nachfolgende Übung an ein Flipchart oder eine Tafel. Die Teilnehmer suchen Wörter, die in die Mitte passen, sodass zwei neue, sinnvoll zusammengesetzte Wörter entstehen. Wenn es sprachlich erforderlich ist, dürfen Buchstaben hinzugefügt oder weggelassen werden.

Beispiele:	**Mögliche Lösungen:**	
Reise (?) Kontrolle	Pass	→ Reisepass/Passkontrolle
Reise (?) Stuhl	Büro	→ Reisebüro/Bürostuhl
Reise (?) Spiel	Lust	→ Reiselust/Lustspiel
Reise (?) Kleid	Koffer	→ Reisekoffer/Kofferkleid
Reise (?) Ticket	Bus	→ Reisebus/Busticket
Reise (?) Ansage	Zeit	→ Reisezeit/Zeitansage
Reise (?) Lauf	Dauer	→ Reisedauer/Dauerlauf
Reise (?) Platz	Spiel	→ Reisespiel /Spielplatz

Ein Besuch im Zoo

Die folgende **Merkgeschichte** erzählt von verschiedenen Tieren. Lesen Sie die Geschichte langsam vor und stellen Sie den Teilnehmern vorab – je nach Leistungsfähigkeit – eine oder mehrere der folgenden Aufgaben:

- Merken Sie sich den Nachnamen der Familie. *(Müller)*
- Merken Sie sich die Namen der beiden Kinder. *(Nico und Sofie)*
- Merken Sie sich die Namen der Eltern. *(Robert und Ingrid)*
- Merken Sie sich, zu welchen Tieren die Familie zuerst geht. *(Affen)*
- Merken Sie sich, welche Tiere während der Vorführung kleine Kunststücke vorführen. *(Seelöwen)*
- Merken Sie sich, was sich die Mutter unbedingt anschauen möchte. *(Botanischen Garten)*
- Merken Sie sich, was die Familie während ihres Zoobesuches isst und trinkt. *(Apfelsaftschorle, Frikadellenbrötchen, Käse-, Salami- und Schinkenbrötchen, Eis)*
- Merken Sie sich möglichst viele Tiere, die in der Geschichte vorkommen. *(Gorillas, Klammeräffchen, Seelöwen, Giraffen, Zebras, Wildesel, Kudus, Okapis, Seepferdchen, Korallenfische, Seeigel, Krageneidechsen, Klapperschlangen, Elefanten, Flusspferde, Nashörner, Schneeleoparden, Löwen, Geparden, Zwergziege, Kamerunschaf, Schmetterlinge)*

Ein Besuch im Zoo

Familie Müller unternimmt am Wochenende einen Ausflug in den Zoo. Familie Müller? Das sind: Vater Robert, Mutter Ingrid sowie die beiden Kinder Nico und Sofie.
Nachdem Vater Robert die Eintrittskarten gekauft hat, kann es mit dem Rundgang sowie der Erkundung des Zoogeländes losgehen.
Vorbei an herrlich angelegten Blumenbeeten, geht es zuerst zu den Affen. Während Nico ganz fasziniert von den Gorillas ist, zieht es Sofie zu den putzigen Klammeräffchen hin.
Um die Fütterung der Seelöwen nicht zu verpassen, begibt sich die Familie zur Seelöwenanlage. Zum Glück sind nicht allzu viele Besucher da, sodass Nico und Sofie sich ganz dicht ans Becken stellen können. Die Seelöwen vollführen kleine Kunststücke, die die Zuschauer nicht nur erfreuen, sondern auch zum Lachen bringen.
Nachdem die Fütterung beendet ist, steuert die Familie das Gehege der Giraffen und Zebras an. Auf dem Rundgang entlang des Freigeheges entdecken sie auch Wildesel, Kudus und Okapis.

Ehe die Familie ihre Erkundungstour weiterführt, sucht sie sich zuerst ein schattiges Plätzchen, um ihre mitgebrachten Brötchen zu verzehren. An einem Kiosk kauft Mutter Ingrid noch für jeden eine Apfelschorle, denn schließlich muss nicht nur der Hunger, sondern auch der Durst gestillt werden. Vater Robert lässt sich ein Frikadellenbrötchen schmecken und Mutter Ingrid beißt in ein leckeres Käsebrötchen. Nico und Sofie können sich nicht entscheiden, ob sie lieber ein Salami- oder Schinkenbrötchen essen sollen. Kurzerhand teilen sie sich die Brötchen und lassen es sich ebenfalls gut schmecken.
Zum Abschluss des kleinen Picknicks folgt noch ein kurzer Gang zur Toilette. Dann geht es, gut gestärkt und ausgeruht, zum Aquarium.

Sofie und ihre Mutter zieht es zu den Seepferdchen, Korallenfischen und Seeigeln in den Aquarien. Nico und sein Vater Robert sind ganz begeistert von den bizarren Kragenechsen sowie den giftigen Klapperschlangen, die es in den Terrarien zu bestaunen gibt.
Anschließend gehen die vier zu den Gehegen der Elefanten, Flusspferde und Nashörner, den sogenannten Dickhäutern. Sie kommen auf dem Weg dorthin an einem Kiosk vorbei. Mutter Ingrid kauft für jeden ein leckeres Eis. Die kühle Erfrischung kommt gerade zur rechten Zeit, denn die Nachmittagssonne verbreitet eine ziemliche Hitze.

Ehe sie beim Schaubauernhof mit Streichelzoo ankommen, führt sie ihr Weg am Freigehege der Schneeleoparden, Löwen und Geparden vorbei. Die Raubkatzen liegen träge in der Sonne und lassen sich von den vielen Besuchern nicht aus der Ruhe bringen.
Am Schaubauernhof angekommen, dürfen Nico und Sofie nicht nur beim Füttern der Zwergziege und des Kamerunschafes mithelfen. Sie dürfen die Tiere auch nach Herzenslust streicheln. Sofie kann sich nur schwer von der Zwergziege trennen und möchte am liebsten noch etwas bleiben. Da sich Mutter Ingrid jedoch unbedingt noch den botanischen Garten in Ruhe anschauen möchte, drängt sie zum Aufbruch.
Mutter Ingrid ist von der Vielfalt des botanischen Gartens ganz entzückt. Besonders die vielen unterschiedlichen Orchideen, Azaleen und Kamelien haben es ihr angetan. Die Artenvielfalt ist wirklich beeindruckend und die vielen Farben sind ein Fest für die Sinne.

Zum Abschluss ihres Zoobesuches geht Familie Müller noch in die Schmetterlingshalle. Die vielen bunten, exotischen Schmetterlinge schwirren nur so um sie herum. Ihr Anblick erfreut die ganze Familie. Glücklich und zufrieden begeben sie sich einige Zeit später zum Ausgang und nehmen sich vor, dem Zoo bald wieder einen Besuch abzustatten.

Gedächtnisübungen

1. Heimische Tiere gesucht

Aufgabe der Teilnehmer ist es, heimische Tierarten zu suchen.

Beispiele: Reh, Hirsch, Wildschwein, Marder, Fuchs, Igel, Schaf …

2. Tiere gesucht, die gar keine sind

Die Teilnehmer suchen zusammengesetzte Wörter mit Tieren, die jedoch nicht unbedingt etwas mit einem Tier zu tun haben müssen. Das Tier kann sowohl am Anfang als auch am Ende stehen.

Beispiele: Eberesche, **Hammel**sprung, Draht**esel**, Wäsche**spinne**, Computer**maus**, Angst**hase**, Nacht**eule**, **Tiger**auge …

3. Oberbegriffe

Lesen Sie den Teilnehmern die vorgegebenen Begriffe einer Reihe vor. Aufgabe der Teilnehmer ist es, einen passenden Oberbegriff zu bestimmen.

Beispiele: Admiral – Kaisermantel – Schwalbenschwanz – Kleiner Fuchs = **Schmetterlinge**

a. Kuckuck – Nachtigall – Rauchschwalbe – Mauersegler = **Zugvögel**
b. Fuchs – Igel – Waldkauz – Waschbär = **nachtaktive Tiere**
c. Bachforelle – Zander – Hecht – Wels = **Raubfische**
d. Maulwurf – Hase – Elefant – Braunbär = **Säugetiere**

Tipp: Alternativ können Sie auch die Oberbegriffe vorgeben und die Teilnehmer suchen passende Unterbegriffe.

Waschtag

Die folgende **Merkgeschichte** beinhaltet verschiedene Wäschestücke. Lesen Sie die Geschichte langsam vor und stellen Sie Ihren Teilnehmern vorab – je nach Leistungsfähigkeit – eine oder mehrere der folgenden Aufgaben:

- Merken Sie sich, an welchem Wochentag Frau Schmitt ihre Wäsche erledigt. *(Montag)*
- Merken Sie sich, wie die Kinder von Familie Schmitt heißen. *(Max, Moritz, Mathilda)*
- Merken Sie sich, was der Vater über der Badewanne hat hängen lassen. *(seinen blau gestreiften Pyjama)*
- Merken Sie sich, worüber Mutter Ute in Moritz' Zimmer fast gestolpert wäre. *(seine Turnschuhe)*
- Merken Sie sich, welche Kleidungsstücke Mutter Ute in Max' Zimmer einsammelt, und deren Farben. *(blaue Jeans, blau-weiß kariertes Hemd, graue Strümpfe, grünes T-Shirt)*
- Merken Sie sich, welche Kleidungsstücke Mutter Ute in Moritz' Zimmer einsammelt, und deren Farben. *(schwarz-roter Trainingsanzug, dunkelrotes T-Shirt, schwarze Socken, blaues Sweatshirt, weißes Unterhemd)*
- Merken Sie sich, welche Kleidungsstücke Mutter Ute in Mathildas Zimmer einsammelt, und deren Farben. *(rosafarbene Söckchen, rote Hose, weiße Bluse mit roten Herzen, knallgelbes Nachthemd)*

Waschtag

Jeden Montag ist im Hause von Familie Schmitt großes Wäschewaschen angesagt. Mutter Ute hat dann alle Hände voll zu tun, denn die Wäsche für sie, ihren Mann Michael, die 12-jährigen Zwillinge Max und Moritz sowie das 7-jährige Nesthäkchen Mathilda sorgen für jede Menge Arbeit. Bereits das Sortieren der Wäsche erweist sich für Mutter Ute als wahre Herausforderung. Trotz ständiger Aufforderungen an ihre Familie, die Schmutzwäsche in die bereitgestellten Wäschekörbe einzusortieren, muss sie stets im ganzen Haus die Wäschestücke einsammeln.
Im Zimmer von Max liegen auf der Couch eine blaue Jeans, ein blau-weiß kariertes Hemd sowie ein grauer Strumpf. Doch wo ist das fehlende Gegenstück? Das findet Mutter Ute unter dem Bett. Sie ist gar nicht begeistert, auch noch auf dem Boden danach suchen zu müssen. Wenigstens seine Unterwäsche hat Max in den dafür bereitgestellten Wäschekorb gelegt. Doch was blitzt da hinter dem Schreibtisch hervor? Mutter Ute traut ihren Augen nicht. Da liegt tatsächlich das grüne T-Shirt, das Max bereits seit zwei Wochen vermisst. Kopfschüttelnd hebt sie das T-Shirt auf und verlässt mit der Wäsche unter dem Arm Max' Zimmer.

Nachdem sie alles in die Wäschekörbe einsortiert hat, begibt sie sich in das Zimmer von Moritz. Sie hofft, dass es dort nicht ganz so schlimm aussieht. Leider wird die Hoffnung von Mutter Ute zugleich zunichtegemacht, denn in Moritz' Zimmer herrscht totales Chaos. Auf dem Boden liegen noch seine Sportsachen vom Wochenende – ein schwarz-roter Trainingsanzug, ein dunkelrotes T-Shirt sowie schwarze Socken. Fast wäre sie auch noch über Moritz' Turnschuhe gestolpert. Diese hat sie nämlich in dem heillosen Durcheinander vollkommen übersehen. Als Mutter Ute bereits das Zimmer verlassen will, fällt ihr auf dem Schrank noch ein blaues Sweatshirt in die Augen. Als sie das Sweatshirt vom Schrank

herunternimmt, stellt sie fest, dass ein weißes Unterhemd von Moritz darin steckt.
„Mit Max und Moritz muss ich heute Mittag einmal ein ernstes Wörtchen reden", denkt sie sich beim Verlassen des Zimmers, denn diese Unordnung kann so nicht mehr weitergehen.

Auf dem Weg zu Mathildas Zimmer sammelt sie im Badezimmer alle Handtücher ein. Dabei fällt ihr auf, dass ihr Mann seinen blau gestreiften Pyjama über der Badewanne hat hängen lassen. Dabei sollte er diesen doch in den Wäschekorb legen. Seufzend verlässt Mutter Ute mit jeder Menge Wäsche über dem Arm das Badezimmer.
Zum Glück ist Mathilda etwas ordentlicher als ihre Brüder. Trotzdem muss Mutter Ute auch hier die schmutzige Wäsche einsammeln. Über der Stuhllehne liegen rosafarbene Söckchen und eine rote Hose. Unter der Bettdecke lugt eine weiße Bluse mit roten Herzchen hervor. Am Türgriff des Kleiderschrankes hängt Mathildas knallgelbes Nachthemd.

Endlich sind alle Wäschestücke eingesammelt und in die bereitgestellten Körbe sortiert. Je ein Korb mit schwarzer und blauer Wäsche, zwei Körbe Buntwäsche und drei Körbe mit Handtüchern sowie Unterwäsche warten darauf, gewaschen zu werden. Mutter Ute stöhnt innerlich, als sie die vielen Wäschekörbe betrachtet, und schaltet die erste Maschine ein.
Gott sei Dank scheint heute die Sonne, sodass Mutter Ute die Wäsche draußen aufhängen kann. Schon bald flattert die erste, frisch gewaschene Wäsche an der Wäschespinne im Garten.
Mutter Ute ist froh, als sie am späten Nachmittag die saubere Wäsche in die Schränke einräumen kann.
„Bis nächsten Montag darf ich mich nun vom Wäschewaschen erholen", denkt sie sich. Dabei trinkt sie in aller Ruhe eine Tasse Cappuccino und lässt sich einen Riegel Nougatschokolade schmecken.

Gedächtnisübungen

1. Nachdenken/Überlegen

Die Teilnehmer überlegen, wie früher Wäsche gewaschen wurde.

Beispiel: Wäsche wurde meist einen Tag vorher sortiert und eingeweicht. Dann wurde sie im Waschkessel gekocht, mit einem Wäscheheber umgerührt und später in einen Waschtrog gehoben. Schmutzige Stellen wurden mit Kernseife am Waschbrett bearbeitet. Danach wurde die Wäsche mit einer Bürste geschrubbt und mit klarem Wasser die Seife ausgespült. Zuletzt wurde die Wäsche ausgewrungen und aufgehängt.

2. Anagramm

Schreiben Sie das Wort „Waschmaschine" an ein Flipchart oder an eine Tafel. Aufgabe der Teilnehmer ist es, möglichst viele Wörter zu bilden, die sich mit den Buchstaben bilden lassen. Wurde ein Wort gefunden, dürfen für das nächste Wort wieder alle Buchstaben verwendet werden.

Beispiele: Maschen, Schein, Schwein, Sahne, China, Wache ...

3. Schüttelanagramm

Schreiben Sie nachfolgende Wörter an ein Flipchart oder an eine Tafel. Aufgabe der Teilnehmer ist es, herauszufinden, welche Kleidungsstücke gesucht sind.

Beispiele

a. KRAUTBELID = BRAUTKLEID
b. HANSGUNZOE = HOSENANZUG
c. MOKNTDSEUAME = DAMENKOSTUEM
d. STRANDMOHEME = MATROSENHEMD
e. SUMEDBEHL = HEMDBLUSE

Der Sonntagskaffee

Die folgende **Merkgeschichte** beinhaltet verschiedene Dinge, die zu einer Kaffeetafel gehören. Lesen Sie die Geschichte langsam vor und stellen Sie Ihren Teilnehmern vorab – je nach Leistungsfähigkeit – eine oder mehrere der folgenden Aufgaben:

- Merken Sie sich, seit wie vielen Jahren sich die Freundinnen zum Sonntagskaffee treffen. *(seit mehr als zehn Jahren)*
- Merken Sie sich, wann die Freundinnen sich immer zum Sonntagskaffee treffen. *(am letzten Sonntag im Monat)*
- Merken Sie sich, wie viele Freundinnen sich zum Sonntagskaffee treffen. *(vier)*
- Merken Sie sich die Namen der Freundinnen. *(Ruth, Thea, Mia, Elfie)*
- Merken Sie sich, welche Kuchen Mia backt. *(Frankfurter Kranz, Erdbeerkuchen)*
- Merken Sie sich, mit welchem Geschirr Mia die Kaffeetafel eindeckt. *(weißes Hutschenreuther-Geschirr mit Goldrand)*
- Merken Sie sich, welche Blumen sie auf den Tisch stellt. *(weiße und rosafarbene Rosen)*
- Merken Sie sich, welchen Kuchen die Freundinnen zuerst essen. *(Ruth und Thea ein Stück Frankfurter Kranz, Mia und Elfie ein Stück Erdbeerkuchen mit Sahne)*

Der Sonntagskaffee

Seit mehr als zehn Jahren treffen sich die langjährigen Freundinnen Ruth, Thea, Mia und Elfie am letzten Sonntag im Monat zum Kaffeetrinken. Dabei wechseln sie sich immer ab. Dieses Mal ist Mia an der Reihe, den Sonntagskaffee vorzubereiten.

Mia hat sich dazu entschlossen, ihren Freundinnen einen Frankfurter Kranz sowie einen Erdbeerkuchen zu backen. Und so macht sie sich am Samstagmorgen auf, um im nahe gelegenen Supermarkt alle notwendigen Zutaten einzukaufen. Als leidenschaftliche Hobbybäckerin käme es Mia nie in den Sinn, den Kuchen für den Sonntagskaffee beim Bäcker einzukaufen.
Wieder zu Hause angekommen, macht sie sich gleich ans Werk. Schon bald duftet es nach herrlich frisch gebackenem Kuchen in der ganzen Wohnung. Routiniert verziert sie den Frankfurter Kranz mit Buttercreme und selbst gemachtem Krokant. Dann stellt sie ihn in den Kühlschrank. Den Biskuitboden wird sie erst am nächsten Tag mit den frischen Erdbeeren belegen.

Gesagt, getan. Nach ihrem Frühstück am Sonntagmorgen belegt Mia den selbst gebackenen Biskuitboden mit den frischen Erdbeeren und überzieht alles mit rotem Tortenguss. Auch die Sahne schlägt Mia bereits steif und füllt sie in eine Glasschüssel. So hat sie später, wenn ihre Freundinnen Ruth, Thea und Elfie eintreffen, die Küche sauber.
Aus dem Schrank nimmt Mia eine weiße Tischdecke, die mit fliederfarbenen Veilchen bestickt ist. Sie möchte nun die Kaffeetafel für den Sonntagskaffee decken.
Nachdem die Tischdecke aufgelegt ist, beginnt Mia, den Tisch mit dem Kaffeeservice einzudecken. Sie entscheidet sich für ihr weißes Hutschen-

reuther-Geschirr mit Goldrand. Um dem Ganzen einen besonderen Farbtupfer zu verleihen, nimmt sie lilafarbene Servietten. Diese stellt sie, als Schwan gefaltet, auf jeden Kuchenteller. Anschließend legt sie das Kuchenbesteck aus und stellt noch die Zuckerdose und das Milchkännchen auf den Tisch.

Nun fehlen nur noch die Blumen. Diese schneidet Mia frisch in ihrem Garten. Sie nimmt sich eine Gartenschere und geht nach draußen. Doch für welche Blumen soll sie sich entscheiden? Soll sie weiße und rosafarbene Rosen oder doch lieber ein paar Sonnenblumen als Tischdekoration nehmen? Schließlich schneidet Mia einige Rosen ab, arrangiert sie in einer Kristallvase und stellt sie mitten auf den Tisch. Zufrieden betrachtet sie die Kaffeetafel, die ihr ausgesprochen gut gefällt.

Mia schaut auf ihre Uhr und ist erschrocken, dass es schon so spät ist. Schnell macht sie sich im Bad frisch und zieht sich eine bunte Bluse sowie einen dunkelblauen Rock an. Dann geht sie in die Küche und brüht frischen Kaffee auf. Langsam wird es auch Zeit, den Frankfurter Kranz, den Erdbeerkuchen und die geschlagene Sahne auf den Tisch zu stellen. Schließlich soll alles fertig sein, wenn ihre Freundinnen eintreffen.

Schon klingelt es an der Tür. Die Wiedersehensfreude der vier ist groß. Nach einer herzlichen Umarmung setzen sich alle an den schön gedeckten Tisch. Während Ruth und Thea zuerst ein Stück Frankfurter Kranz genüsslich verspeisen, lassen sich Mia und Elfie ein Stück Erdbeerkuchen mit einer ordentlichen Portion Sahne gut schmecken. Dabei plaudern sie über alte Zeiten und tauschen Neuigkeiten aus.
Und wie immer lassen die Freundinnen den Sonntagskaffee mit einem leckeren Mokka ausklingen, den Mia so vorzüglich zubereitet.

Gedächtnisübungen

1. Kuchen gesucht

Die Teilnehmer überlegen, welche Arten von Kuchen es gibt.

Beispiele: Donauwelle, Schwarzwälder Kirschtorte, Marmorkuchen ...

Tipp: Je nach Leistungsfähigkeit nennen die Teilnehmer reihum eine Kuchensorte, die mit dem Anfangsbuchstaben ihres Vor- oder Familiennamens beginnt. Anschließend werden die genannten Kuchen erinnert.

2. Wir backen gemeinsam einen Kuchen

Die Teilnehmer überlegen gemeinsam, welche Backzutaten z. B. für einen Marmorkuchen benötigt werden, ebenso welche Utensilien und welche Arbeitsschritte notwendig sind.
Alternativ können die Teilnehmer auch gemeinsam eine Kaffeetafel decken.

3. Wortkette

Schreiben Sie nachfolgende Wörter an ein Flipchart oder an eine Tafel. Aufgabe der Teilnehmer ist es, die Wörter in die richtige Reihenfolge zu bringen. Es entsteht eine Wortkette aus zusammengesetzten Wörtern. Die Wortkette beginnt und endet mit dem Wort „Kaffee".

Beispiel: Marke – Silber – Kaffee – Wagen – Schloss – Tafel – Kaffee – Kasten – Garten – Schmuck – Tür – Haus

Lösung: Kaffee – Tafel – Silber – Schmuck – Kasten – Wagen – Tür – Schloss – Garten – Haus – Marke(n) – Kaffee

Spaziergang mit Waldi

Die folgende **Merkgeschichte** beinhaltet ganz oft das Wort „Waldi". Lesen Sie die Geschichte langsam vor und stellen Sie Ihren Teilnehmern vorab – je nach Leistungsfähigkeit – eine oder mehrere der folgenden Aufgaben:

- Merken Sie sich, wer einen Hund geschenkt bekommt. *(Agathe)*
- Merken Sie sich, wie die beiden Söhne heißen. *(Dieter und Martin)*
- Merken Sie sich, zu welcher Hunderasse Waldi gehört. *(Schäferhund)*
- Merken Sie sich, warum Agathe von ihren Söhnen einen Hund geschenkt bekommt. *(einen Wachhund aufgrund vermehrter Einbrüche in der Nachbarschaft)*
- Merken Sie sich, wie der Hund von Agathes Nachbarn Anton heißt. *(Filou)*
- Merken Sie sich, zu welcher Hunderasse Filou gehört. *(Pudel)*
- Merken Sie sich, was Agathe nach dem Spaziergang trinkt. *(frischen Pfefferminztee)*
- Merken Sie sich, was Agathe Waldi nach dem Spaziergang hinstellt. *(Schale mit Wasser, Hundenapf mit Futter)*
- Merken Sie sich, welche Personen in der Geschichte vorkommen. *(Agathe, ihre Söhne Dieter und Martin, Nachbar Anton, Spaziergänger)*
- Merken Sie sich, wie oft der Name „Waldi" in der Geschichte vorkommt. *(21-mal mit der Überschrift)*

Spaziergang mit Waldi

Agathe, eine rüstige Rentnerin im Alter von 71 Jahren, lebt allein in einem kleinen Häuschen am Waldrand. Doch Agathe hört nicht mehr allzu gut. Da es in letzter Zeit zu vermehrten Einbrüchen in der Nachbarschaft gekommen ist, halten ihre beiden Söhne Dieter und Martin es für eine gute Idee, Agathe einen Hund zu schenken. Es muss natürlich ein richtiger Wachhund sein, der im Notfall ihre Mutter vor Einbrechern schützt.

Als es an der Tür schellt, öffnet die völlig ahnungslose Agathe die Tür und staunt nicht schlecht, als sie ihre Besucher erblickt. Dieter und Martin stehen freudestrahlend mit einem Schäferhund vor der Haustür. Zunächst ist Agathe gar nicht begeistert, so plötzlich und unvorbereitet Hundebesitzerin zu werden. Und dann noch ein so großer Hund. Ein kleiner Dackel wäre ihr da schon lieber gewesen.
Doch Dieter und Martin überzeugen ihre Mutter nach einiger Zeit von den Vorzügen eines so großen Hundes. Als sich dann noch der Schäferhund vertrauensvoll an Agathe schmiegt, ist das Eis gebrochen.
„Hast du vielleicht schon einen Namen für deinen neuen Bewacher?“, fragen ihre Söhne. Agathe überlegt nicht lange und sagt zu den beiden: „Ich nenne ihn Waldi.“
„Waldi?“, rufen ihre beiden Söhne wie aus einem Munde. „Du willst diesen Schäferhund tatsächlich Waldi nennen? Aber das passt doch ganz und gar nicht. Möchtest du dich nicht lieber für einen anderen Namen entscheiden?“
„Nein!“, sagt Agathe entschieden. „Wenn ich schon keinen Dackel haben kann, dann möchte ich meinen Schäferhund wenigstens Waldi nennen.“
Gegen so viel Entschlossenheit haben Dieter und Martin nichts mehr entgegenzusetzen und verabschieden sich schließlich von ihrer Mutter.
Die Nacht ist für Agathe und Waldi etwas unruhig. Beide müssen sich zuerst an die neue Situation und aneinander gewöhnen.

Am nächsten Morgen nach dem Frühstück beschließt Agathe, einen Spaziergang mit Waldi zu machen. Sie nimmt Waldi an die Leine und marschiert mit ihm in Richtung Wald. Bereits nach kurzer Zeit begegnet sie ihrem Nachbarn Anton, der ebenfalls mit seinem Hund Filou, einem Pudel, unterwegs ist. Anton ist ziemlich überrascht, als er Agathe mit ihrem Schäferhund erblickt. Die beiden gehen ein Stück gemeinsam des Weges, denn Filou und Waldi haben sofort Freundschaft miteinander geschlossen. Während sie so durch den Wald schlendern, muss Agathe innerlich immer noch schmunzeln. Der Gesichtsausdruck ihres Nachbarn war wirklich zu komisch, als er Waldis Namen erfahren hat.

Nachdem sich ihre Wege getrennt haben, beschließt Agathe, Waldi von der Leine zu nehmen. Agathe hebt vom Boden ein Holzstöckchen auf und wirft dieses weit weg. Sofort jagt Waldi dem Stöckchen hinterher und bringt es seinem Frauchen schwanzwedelnd wieder zurück. Dieses Spielchen wiederholen sie noch einige Zeit, denn beide haben viel Spaß daran.
Plötzlich hört Waldi ein Rascheln im Gebüsch. Ehe Agathe ihn zurückhalten kann, ist Waldi bereits davongerannt.
„Waldi! Waldi!“, ruft Agathe. Erst nach mehreren Rufen kommt er zurück. Sofort nimmt Agathe ihn wieder an die Leine. Ein vorübergehender Spaziergänger staunt nicht schlecht, als er Waldi erblickt. Kopfschüttelnd geht er an den beiden vorbei. Ein Schäferhund mit Namen Waldi, das hat er ja noch nie gehört.

Langsam begibt sich Agathe mit Waldi auf den Nachhauseweg. Dort angekommen, stellt sie Waldi eine Schale mit frischem Wasser hin und füllt seinen Hundenapf mit Futter. Während Waldi sich sein Futter schmecken lässt, genießt Agathe eine Tasse frischen Pfefferminztee.

Gedächtnisübungen

1. Hunderassen gesucht

Die Teilnehmer suchen nach Hunderassen.

Beispiele: Bernhardiner, Dalmatiner, Pinscher …

Tipp: Die Antworten können an einem Flipchart oder einer Tafel angeschrieben werden. Die Teilnehmer ordnen anschließend die genannten Antworten in kleine, mittelgroße sowie große Hunderassen.

2. Richtig oder falsch?

Die Teilnehmer überlegen, ob die nachfolgenden Aussagen richtig oder falsch sind.

a. Große Hunde altern schneller als kleine Hunde. **Antwort: Richtig.**

b. Die Schnurrhaare sind beim Hund besser ausgeprägt als bei der Hauskatze. **Antwort: Falsch, sie sind bei Katzen ausgeprägter.**

c. Dackel können ein Alter von bis zu ca. 15 Jahren erreichen. **Antwort: Richtig.**

d. Ein Haushund verfügt über 6 000 Geschmacksknospen. **Antwort: Falsch, er verfügt über ca. 1 700 (Vergleich: der Mensch hat 9 000).**

e. Bis zu 300-mal in der Minute kann ein Hund in kurzen Atemzügen atmen. **Antwort: Richtig.**

3. Wortveränderung

Geben Sie den Teilnehmern das Wort „Hund“ als Anfangswort vor. Aufgabe der Teilnehmer ist es, durch bildhaftes Vorstellen einen Buchstaben an beliebiger Stelle auszutauschen, sodass sich immer neue Wörter ergeben.

Beispiel: Hund – H**a**nd – **W**and – W**i**nd – **K**ind – **R**ind – **r**und – R**a**nd – **S**and …

Der Schaufensterbummel

Die folgende **Merkgeschichte** beinhaltet verschiedene Dinge, die in einem Schaufenster platziert sind. Lesen Sie die Geschichte langsam vor und stellen Sie Ihren Teilnehmern vorab – je nach Leistungsfähigkeit – eine oder mehrere der folgenden Aufgaben:

- Merken Sie sich die Namen der beiden Freundinnen. *(Liesel und Gisela)*
- Merken Sie sich, welche Farbe der Sturzhelm hat, den sich Gisela aufsetzt. *(blau)*
- Merken Sie sich die Farbe und den Namen des Motorrollers. *(pink, Wölkchen)*
- Merken Sie sich, welche weihnachtlichen Dekorationen überall aufgehängt sind. *(bunte Lichterketten, leuchtende Kugeln und glitzernde Sterne)*
- Merken Sie sich die Reihenfolge der Schaufenster. *(Modegeschäft, Schuhgeschäft, Taschengeschäft, Juwelier, Parfümerie, Spielwarengeschäft)*
- Merken Sie sich möglichst viele Gegenstände, die in der Geschichte vorkommen, mit ihren Farben. *(pinkfarbener Motorroller; blauer Sturzhelm; lilafarbene Winterjacke mit weißem Plüschfellkragen; roter Angorapullover mit Glitzersteinen; rote Weihnachtspäckchen; silbernes Lametta; schwarze Handtasche, auf der ein pinkfarbener Motorroller abgebildet ist)*

Der Schaufensterbummel

Seit Tagen freut sich Liesel auf den gemeinsamen Stadtbummel mit ihrer besten Freundin Gisela. Heute ist es endlich so weit. Mit ihrem neuen, pinkfarbenen Motorroller namens „Wölkchen“ holt Liesel Gisela voller Vorfreude ab. Gisela ist zwar immer besorgt um ihre frisch gemachten Haare, aber heute setzt sie sich zu ihrer Sicherheit ihren blauen Sturzhelm auf. Trotz ihrer 60 Jahre schwingt sich Gisela noch recht locker auf den Motorroller. Freudestrahlend fahren die beiden den kurzen Weg in die Stadt. Liesel hat Glück und findet einen Parkplatz für „Wölkchen“ direkt in der Haupteinkaufsstraße.

Da es das erste Adventswochenende ist, sind die beiden von der weihnachtlichen Dekoration vollkommen begeistert. Überall hängen kleine, bunte Lichterketten, leuchtende Kugeln und glitzernde Sterne. An einigen Geschäften sind auch Tannenbäume aufgestellt.
Das erste Schaufenster, das sie erblicken, ist ein Modegeschäft. Eine wunderschöne, lilafarbene Winterjacke mit weißem Plüschfellkragen gefällt Liesel besonders gut. Gisela hat im selben Schaufenster einen roten Angorapullover mit Glitzersteinen entdeckt. Dieser wäre die perfekte Garderobe für das kommende Weihnachtskonzert, zu dem sie eine Einladung bekommen hat. Beide beschließen, sich zuerst einmal alle Schaufensterauslagen anzuschauen, ehe sie etwas kaufen.

Das nächste Schaufenster gehört zu einem Schuhgeschäft. Zwischen roten Weihnachtspäckchen und silbernem Lametta stehen robuste Winterstiefel und elegante Halbschuhe. Auch hier schlägt das Herz der beiden höher.
Ganz verzückt schlendern sie weiter zum nächsten Schaufenster, in dem Handtaschen ausgestellt sind. Aufgeregt greift Liesel ihre Freundin Gisela am Arm und ruft: „Schau mal, Gisela, hier gibt es sogar eine schwarze

Handtasche, auf der ein pinkfarbener Motorroller abgebildet ist." Gisela muss lachen und sagt zu Liesel: „Die würde perfekt zu dir und ‚Wölkchen' passen."
Lachend spazieren sie weiter und steuern auf das Schaufenster eines bekannten Juwelierladens zu. Staunend bleiben sie eine Weile stehen und betrachten die funkelnden Diamanten einer imposanten Halskette.

Plötzlich steigt den beiden ein außergewöhnlich blumiger Duft in die Nase. Von diesem angezogen, landen die beiden Freundinnen in einer Parfümerie. Völlig verdutzt stehen sie vor einem Nikolaus, der sich lauthals beschwert, weil ihn die Verkäuferin mit mehreren Sorten Parfüm eingesprüht hat.
Schmunzelnd gehen Liesel und Gisela weiter, bis sie zu einem Spielwarengeschäft kommen. In der Schaufensterauslage ist eine Winterlandschaft aus Teddybären, einer Eisenbahn, Tannenbäumen, Kunstschnee und Lebkuchenhäuschen aufgebaut. In der hinteren Ecke erblicken sie ein Plüschrentier mit passendem Schlitten. Dieser wäre ein geeignetes Weihnachtsgeschenk für Giselas Enkel Tim.

Es beginnt, langsam zu dämmern. Da beide vom langen Schaufensterbummeln müde sind, beschließen sie, den Tag auf dem Weihnachtsmarkt ausklingen zu lassen. Auch dort gibt es noch viel zu sehen, aber Liesel und Gisela verweilen an einer Bude mit einem Glühwein und einer leckeren Bratwurst.
Leider ist es nicht bei einem Glühwein geblieben, sodass die beiden mit einem Taxi nach Hause fahren. Kichernd sitzen sie im Taxi und freuen sich darauf, ihren Stadtbummel am nächsten Tag fortzusetzen. Schließlich muss ja Liesels Motorroller „Wölkchen" aus der Stadt abgeholt werden.

Gedächtnisübungen

1. Wortsammlung

Die Teilnehmer nennen Dinge, die sie in einer Lebensmittelabteilung kaufen können.

Beispiele: Brot, Marmelade, Milch, Käse, Kapern, Wein …

Tipp: Die Antworten können an einem Flipchart oder einer Tafel angeschrieben werden. Die Teilnehmer ordnen anschließend die genannten Antworten in Kategorien, wie z. B. Milchprodukte, Getränke, Fleisch …

2. Kleidungsstücke aus vergangenen Zeiten

Die Teilnehmer nennen Kleidungsstücke aus früheren Zeiten.

Beispiele: Petticoat, Gamaschen, Knickerbocker, Leibchen …

Tipp: Diese Übung eignet sich auch zum biografischen Arbeiten. Fordern Sie Ihre Teilnehmer dazu auf, zu erzählen, zu welchen Anlässen sie die genannten Kleidungsstücke getragen haben.

3. Schaufenster-Assoziationen

Die Teilnehmer bilden eine Assoziationskette. Alle genannten Antworten müssen hierbei etwas mit einer Schaufensterdekoration zu tun haben.

Beispiel: Geben Sie das Wort „Damenkostüm" vor. Der erste Teilnehmer stellt eine Assoziation (Gedankenverbindung) zu diesem Wort her und sagt z. B. „Perlenkette". Der nächste Teilnehmer stellt nun eine Assoziation zu dem Wort „Perlenkette" her, wie z. B. „Schmuckschatulle". Der nächste Teilnehmer stellt nun eine Assoziation zu dem Wort „Schmuckschatulle" her, wie z. B. „Kommode" usw.

Bewegungs-
geschichten

Bewegung – insbesondere in Kombination mit Gedächtnistraining – fördert nicht nur die Gesundheit, sondern steigert auch die geistige Leistung und damit Konzentrationsfähigkeit. Schon wenige Minuten täglich reichen, um die grauen Zellen auf Trab zu bringen und den Kopf fit für den Alltag zu machen. Doch nicht nur das: Bewegung trägt auch dazu bei, körperlichen und geistigen Stress abzubauen oder sogar zu verhindern.
Diese Geschichten sorgen für Spaß am Bewegen und Denken – und sind damit ideal für ein abwechslungsreiches Training von Körper und Geist!

Blitzeblank

Die folgende **Bewegungsgeschichte** ist so aufgebaut, dass Sie als Vorleser die Bewegungen vorführen und Ihre Teilnehmer die Bewegungen nachmachen. Damit Sie die Bewegungsimpulse schnell erkennen, sind diese farbig in Klammern hervorgehoben. Je nach Zielgruppe können Sie die Bewegungen auch vor dem Lesen einmal mit den Senioren ausführen.

Lesen Sie die Geschichte erneut langsam vor und stellen Sie Ihren Teilnehmern vorab – je nach Leistungsfähigkeit – eine oder mehrere der folgenden Aufgaben:

- Merken Sie sich, wie die Nachbarin von Frau Meier heißt. *(Hilde)*
- Merken Sie sich, welche Arbeit Frau Meier zuerst erledigt. *(Gardine abhängen und waschen)*
- Merken Sie sich die Farben der neuen Putzlappen. *(rot, gelb, blau)*
- Merken Sie sich, mit welcher Putzlappenfarbe Frau Meier die einzelnen Zimmer säubert. *(rot – Badezimmer, gelb – Küche, blau – Wohn- und Schlafzimmer)*

Blitzeblank

Es ist wieder die Zeit des Jahres gekommen, in der Frau Meier ihren Frühjahrsputz in Angriff nimmt. Während ihre Nachbarin Hilde über diese Art von Arbeit stöhnt, freut sich Frau Meier bereits darauf. Für sie gibt es nichts Schöneres, als sich nach getaner Arbeit an der blitzeblank und frisch duftenden Wohnung zu erfreuen. Sie hat sich sogar extra neue Putzlappen in rot, gelb und blau gekauft. Den roten Lappen nimmt sie für das Badezimmer, den gelben für die Küche und den blauen für das Wohn- und Schlafzimmer.

Frau Meier hat einen festen Plan und hängt zuerst die Gardine im Wohnzimmer ab. Dazu steigt sie auf die Leiter *(Füße und Hände im Sitzen abwechselnd auf und ab bewegen)*. Mit der linken Hand schiebt sie die Gardine aus der Gardinenschiene *(mit der linken Hand eine schiebende Bewegung machen)*. Nachdem sie die Gardine in die Waschmaschine gelegt hat, beginnt sie mit dem Fensterputzen. Zuerst reinigt sie mit dem blauen Lappen den Rahmen *(mit der rechten Hand ein Rechteck in die Luft malen)*. Dann wischt sie das Fenster mit Essigwasser ab *(mit der linken Hand auf und ab wischen)*. Zum Schluss poliert sie das Fenster mit Zeitungspapier *(mit der rechten Hand kreisende Bewegungen machen)*. Voller Stolz schaut sie durch das blitzeblank geputzte Fenster nach draußen.

Hoch motiviert, geht sie ins Schlafzimmer, um die Betten frisch zu beziehen, die sie bereits nach dem Aufstehen abgezogen hat. Nachdem sie das Bettlaken aufgezogen hat, streicht sie es noch mit beiden Händen glatt *(mit beiden Händen eine streichende Bewegung zur Seite machen)*. Dann bezieht sie das Kopfkissen sowie die Bettdecke und schüttelt beides nacheinander auf *(mit beiden Händen schüttelnde Bewegungen machen)*. Kurz wischt sie mit dem blauen Lappen über die beiden Nachttische.

Jetzt geht Frau Meier in die Küche und trinkt ein Glas Wasser *(mit den Teilnehmern, wenn möglich, ein realen Schluck Wasser trinken)*.
Frisch gestärkt, räumt sie den Küchenschrank aus *(nach imaginären Gegenständen greifen und diese abstellen)*. Nachdem sie den Küchenschrank mit dem gelben Tuch gesäubert hat, legt sie die Schrankböden mit rot-weiß gestreiftem Papier aus. Zum Schluss stellt sie das Geschirr wieder in den Schrank zurück *(nach imaginären Gegenständen greifen und diese im Schrank abstellen)*.

Als Letztes putzt sie ihr Bad mit dem roten Lappen. Mit ausladenden Bewegungen reibt sie die grün-weißen Fliesen sauber *(mit beiden Händen gleichzeitig eine liegende Acht in die Luft malen)*.
Um den Boden zu wischen, hat sie einen blauen Eimer mit Wasser und einen Wischlappen bereitgestellt. Sie wringt den Lappen aus *(wringende Bewegung mit beiden Händen machen)*, legt ihn um einen Schrubber und putzt den Boden *(mit einem imaginären Schrubber den Boden wischen)*.

In der Zwischenzeit ist auch die Gardine fertig gewaschen, sodass Frau Meier diese aufhängen kann. Dazu klettert sie wieder auf die Leiter *(Füße und Hände im Sitzen abwechselnd auf und ab bewegen)*. Jetzt schiebt sie mit der rechten Hand die Gardine in die Gardinenschiene *(mit der rechten Hand eine schiebende Bewegung machen)* und arrangiert den Stoff, damit die Gardine in schönen Falten liegt. Zum Schluss saugt sie noch den Teppich und wischt Staub *(imaginäre Gegenstände abstauben)*.
Zufrieden über den gelungenen Frühjahrsputz setzt sich Frau Meier auf ihre Couch und klopft sich lobend auf die Schulter *(mit der rechten Hand auf die linke Schulter klopfen und mit der linken Hand auf die rechte Schulter klopfen)*.

Gedächtnisübungen

1. Brainstorming

Fragen Sie Ihre Teilnehmer, welche Reinigungsmittel sie für welchen Zweck beim Frühjahrsputz verwenden.

Beispiele: Schmierseife – Treppe, Bohnerwachs – Holzboden, Backpulver/Natron – Gardinen ...

2. Volle Schlange

Schreiben Sie die Buchstaben des Wortes „Staub" von oben nach unten und von unten nach oben an ein Flipchart oder an eine Tafel. Die Teilnehmer suchen für den Zwischenraum des Anfangs- und Endbuchstabens jeweils drei Wörter, die mit diesen Buchstaben beginnen bzw. enden.

Beispiel:

S .... B → Sieb, Strandkorb, Stab ...
T .... U → Tabu, Tau, Tofu ...
A .... A → Anna, Aurora, Alaska ...
U .... T → Unrat, Unfallbericht, Unterricht ...
B .... S → Bonbons, Bus, Bierglas ...

3. Fantasiesätze bilden

Die Teilnehmer bilden kleine, lustige Sätze, die mit den einzelnen Buchstaben vorgegebener Wörter beginnen.

Beispiele:

BESEN: **B**arsche **e**ssen **s**elten **e**in **N**ashorn.
EIMER: **E**lke **i**sst **M**artins **e**iserne **R**ation.
WASSER: **W**illi **a**ngelt **s**tatt **S**chwertfischen **e**ine **R**iesengarnele.

Der Sonntagsausflug

Die Teilnehmer sollten für diese **Bewegungsgeschichte** einen Tischkreis bilden. Die Geschichte ist so aufgebaut, dass jeder Teilnehmer zwei Gegenstände vor sich liegen hat. Ein Gegenstand symbolisiert ein Tier (z. B. ein Wattebausch), der andere symbolisiert eine Farbe (z. B. ein buntes Stück Karton).
Wenn in der Geschichte ein **Tier** genannt wird, reichen die Teilnehmer den Wattebausch mit ihrer linken Hand nach links weiter.
Wird eine **Farbe** genannt, reichen sie den bunten Karton mit ihrer rechten Hand nach rechts weiter.
Lesen Sie die Geschichte langsam vor, sodass jeder Teilnehmer seinen Gegenstand weitergeben kann. Damit Sie die Signalwörter schnell erkennen, sind diese farbig hervorgehoben.

Lesen Sie die Geschichte erneut langsam vor und stellen Sie Ihren Teilnehmern vorab – je nach Leistungsfähigkeit – eine oder mehrere der folgenden Aufgaben:

- Merken Sie sich, wie der Hund von Familie Schwarz heißt. *(Charlie)*
- Merken Sie sich die Namen der Familie Schwarz. *(Vater Georg, Mutter Hanne, Tochter Rosa-Sofie, Sohn Thorsten)*
- Merken Sie sich, welche Farben in der Geschichte vorkommen. *(schwarz, rosa, gelb, blau, braun, dunkelblau, rot, grün, grau, weiß, dunkelbraun)*

Der Sonntagsausflug

Diesen Sonntag ist Familie Schwarz, das sind Vater Georg, Mutter Hanne, Tochter Rosa-Sofie, Sohn Thorsten und ihr Hund Charlie, zum Mittagessen bei Tante Annemarie eingeladen. Tante Annemarie ist die Schwester von Vater Georg. Sie hat sich einen Schrebergarten am Stadtrand gepachtet und der soll heute eingeweiht werden.

Schon früh am Morgen geht es für Familie Schwarz los. Vater Georg hat beschlossen, dass sie mit den Fahrrädern zu Tante Annemarie fahren, denn das Wetter ist herrlich. Die gelbe Sonne strahlt vom blauen Himmel und die Luft duftet wunderbar frisch.
Als sie gerade ihre Sachen auf den Fahrrädern verstauen, kommt ihre Nachbarin Frau Meyer mit einem Karton zu ihnen.
„Schaut mal, wen ich geschenkt bekommen habe," sagt sie und öffnet vorsichtig den Karton. Eine kleine Katze schaut heraus.
Thorsten und Rosa-Sofie hätten die kleine Katze gern gestreichelt, aber ihre Eltern wollen los.
Die größte Strecke des Weges geht durch den Stadtwald. Viele Leute sind schon mit ihren Hunden unterwegs. Sogar zwei Reiter auf braunen Pferden kommen ihnen entgegen.
Sie radeln an einem See vorbei. Das Wasser glitzert dunkelblau. Am Ufer sitzen Enten und Gänse. Auf dem See schwimmt ein Schwan an gelb blühenden Seerosen vorbei. Hier gibt es rote Paddelboote zum Verleih, aber dafür hat Familie Schwarz heute leider keine Zeit.

Die Fahrradtour geht schnell vorbei. Schon sind sie am Ziel angekommen und öffnen das kleine, grüne Törchen zu Tante Annemaries Schrebergarten. Dahinter führt ein Weg mit grauen Steinplatten schnurgerade auf ein kleines, weißes Gartenhaus zu. Rechts von dem Weg sind Gemüse-

beete angelegt. Links ist ein gepflegter, **grüner** Rasen, auf dem eine **gelbe** Schaukel und ein **blaues** Planschbecken stehen.
Tante Annemarie erwartet sie schon und begrüßt sie ganz herzlich.
Die Kinder stürzen sich auf die Spielsachen. Sofort springen sie in das **blaue** Planschbecken. **Rosa**-Sofie hat die Idee, mit einem Fuß ins Planschbecken zu steigen und mit dem anderen Fuß, außerhalb des Planschbeckens, auf dem **grünen** Rasen zu stehen. Ihr Bruder Thorsten und sie versuchen, in dieser Position so schnell wie möglich im Kreis am Rand des Beckens entlangzulaufen. Das Wasser spritzt nur so in die Höhe und schwappt immer wieder über den Rand des **blauen** Planschbeckens. Die Kinder juchzen vor Freude und laufen immer schneller. Der Rasen wird durch das überlaufende Wasser immer matschiger und rutschiger.
Plötzlich hören sie Vater Georg rufen, er wedelt sogar mit den Armen.
Laut lachend stoppen sie. Vater Georg kommt mit zorniger Miene zu ihnen.
„Sofort raus da! Seht ihr nicht, was ihr angerichtet habt?“, schimpft er.
Eine **dunkelbraune** Spur zieht sich rund um das **blaue** Becken, wo vorher der **grüne** Rasen war. Die Kinder schauen beschämt zu Boden.

Doch da ruft Tante Annemarie alle zu Tisch. Es gibt gegrillte Würstchen, Kartoffeln und frischen, **grünen** Salat, den Tante Annemarie gerade aus ihrem Garten geerntet hat. Die Stimmung am Tisch ist nach der Toberei der Kinder immer noch etwas gedrückt. Die Mutter ermahnt **Rosa**-Sofie, heute ihren Teller leer zu essen, denn normalerweise isst **Rosa**-Sofie wie ein kleiner **Spatz**. Plötzlich fängt **Rosa**-Sofie an, zu weinen, und fragt:
„Muss ich die **Schnecke** im Salat auch mitessen?“
Alle schauen auf **Rosa**-Sofies Teller. Tatsächlich krabbelt da eine dicke **Schnecke** auf einem Salatblatt.
„Ja, so frisch ist mein Essen,“ sagt Tante Annemarie und alle fangen an, laut zu lachen.

Gedächtnisübungen

1. Ausflugsziele gesucht

Die Teilnehmer nennen mögliche Ausflugsziele für einen Sonntagsausflug.

Beispiele: Zoobesuch, Freizeitpark, Waldwipfelweg, Museumsbesuch, Badesee …

2. Farbige Städte, Gebiete und Länder gesucht

Es gibt viele geografische Begriffe, die in ihrem Wortteil eine Farbe tragen, wie z. B. die Farbe Rot in Rotenburg. Die Teilnehmer suchen nach solchen Begriffen.

Beispiele: Braunschweig, **Grün**stadt, **Schwarz**wald, **Gold**strand, Blaubeuren …

3. Farbige Füllwörter

Schreiben Sie nachfolgende Wörter, wie im Beispiel aufgeführt, an ein Flipchart oder eine Tafel. Die Teilnehmer ergänzen die vorgegebenen Wörter auf der linken Seite mit einer Farbe und auf der rechten Seite mit einem beliebigen Wort. Dadurch ergeben sich zwei unterschiedlich zusammengesetzte Wörter, es gibt mehrere Lösungsmöglichkeiten.

Beispiel: ………… **Fuchs** …………

Lösung: Rot **Fuchs** Schwanz = Rotfuchs, Fuchsschwanz

a. ………… **Wal** ………… (Blauwal, Walnuss)

b. ………… **Rübe** ………… (Gelbrübe, Rübezahl)

c. ………… **Span** ………… (Grünspan, Spanplatte)

d. ………… **Zahn** ………… (Goldzahn, Zahnarzt)

e. ………… **Wurst** ………… (Weißwurst, Wurstsalat)

Auf dem Jahrmarkt

Für die folgende **Bewegungsgeschichte** benötigen Sie Servietten (oder Tücher) in den Farben rot, gelb, grün, weiß und blau. Je nach Leistungsfähigkeit Ihrer Gruppe bekommt jeder Teilnehmer eine oder mehrere farbige Servietten. Beachten Sie bitte, dass alle Farben vergeben sind.
Je nach Zielgruppe können Sie vor dem Start der Geschichte die Farben einmal nennen und die Teilnehmer winken mit den entsprechenden Servietten.
Lesen Sie die Geschichte langsam vor. Ihre Teilnehmer winken mit der Serviette, wenn die jeweilige Farbe in der Geschichte vorkommt. Damit Sie die Signalwörter schnell erkennen, sind diese farbig hervorgehoben.

Lesen Sie die Geschichte erneut langsam vor und stellen Sie Ihren Teilnehmern vorab – je nach Leistungsfähigkeit – eine oder mehrere der folgenden Aufgaben:

- Merken Sie sich, was Oma Sofie und Alexander essen und trinken. *(roten und gelben Mäusespeck, Rostbratwürste, rote Limonade)*
- Merken Sie sich die Figuren auf dem Kinderkarussell. *(weiße Holzpferde, blaue Kutsche, rotes Holzschwein, grünes Motorrad, blaues Polizeiauto)*
- Merken Sie sich, was Oma Sofie und Alexander vom Riesenrad aus sehen. *(eine Bratwurstbude mit einem blauen Dach, eine Losbude mit einer grünen Lichterkette und eine Achterbahn mit gelben Wagen)*

© tsach – Fotolia.com

Auf dem Jahrmarkt

Oma Sofie ist als Kind selber gern auf den Jahrmarkt gegangen und hat sich immer auf die schnellsten und höchsten Karussells getraut. Heute geht sie mit ihrem 7-jährigen Enkelsohn Alexander dorthin, der sich riesig freut.

Kaum sind sie auf dem Jahrmarkt angekommen, läuft Alexander zu einem wunderschönen Kinderkarussell. Es dreht sich langsam im Kreis. An Oma Sofie und Alexander kommen große, **weiße** Holzpferde vorbei, die sich auf und ab bewegen. Dann sehen sie eine **blaue** Kutsche, ein **rotes** Holzschwein mit einem **gelben** Haltegriff und es gibt sogar ein **grünes** Motorrad. Alexander möchte unbedingt einmal mitfahren. Als das Karussell anhält, läuft er schnell zu einem **blauen** Polizeiauto und setzt sich hinter das **weiße** Lenkrad. Dann beginnt die Fahrt und jedes Mal, wenn er an Oma Sofie vorbeikommt, drückt er auf einen **grünen** Knopf und ein **rotes** Licht fängt an, zu blinken. Als die Fahrt vorbei ist, gehen die beiden weiter.
Der nächste Stand, an dem sie anhalten, ist eine Wurfbude. Hier sind **weiße** und **grüne** Dosen pyramidenförmig aufgestellt. Alexander möchte unbedingt sein Glück versuchen. Er bekommt drei Bälle. Zuerst wirft er den **gelben** Ball und kann vier **grüne** Dosen abwerfen. Dann nimmt er den **roten** Ball und trifft zwei **weiße** Dosen. Alexander nimmt den **blauen** Ball und wirft so hart wie er kann. Leider bleiben vier **grüne** Dosen stehen. Als Trostpreis bekommt er einen **gelben** Lutscher.

Ein köstlicher Geruch von Karamell steigt Oma Sofie und Alexander in die Nase. Die beiden gehen weiter zu der Bude mit den Süßigkeiten, die den herrlichen Duft verbreitet. Hier gibt es **weiße** Zuckerwatte, Lebkuchenherzen mit **blauer** und **gelber** Schrift und **rote** Liebesäpfel. Alexander entscheidet sich für eine Tüte mit **rotem** und **gelbem** Mäusespeck.

Langsam gehen Oma Sofie und Alexander weiter. Plötzlich hören sie sehr laute Musik. Die beiden bleiben vor dem Autoskooter stehen. Hier blinkt alles in bunten Farben. Alexander bekommt große Augen, als er sieht, wie die bunten Autos gegeneinanderfahren und die Leute darin laut lachen. „Dazu bist du noch ein wenig zu jung," sagt Oma Sofie und geht weiter. Dann entdecken sie das Riesenrad. Es dreht sich sehr langsam. Oma Sofie und Alexander beschließen, mitzufahren, und steigen in eine gelbe Gondel ein. Von oben haben sie einen herrlichen Ausblick über den Jahrmarkt. Sie sehen eine Bratwurstbude mit einem blauen Dach, eine Losbude mit einer grünen Lichterkette und eine Achterbahn mit gelben Wagen. Nach dieser aufregenden Fahrt müssen sie sich stärken und suchen die Bratwurstbude mit dem blauen Dach auf. Nachdem jeder eine köstliche Rostbratwurst mit gelbem Senf und eine rote Limonade verzehrt hat, beschließen die beiden, nach Hause zu gehen.

Auf dem Rückweg kommen sie an einer Losbude vorbei. Hier gibt es riesengroße, blaue Plüschhunde, rote Plastikfische und grüne Wasserbälle zu gewinnen. Oma Sofie kauft Lose und Alexander zieht zehn kleine, weiße Papierlose aus einem roten Eimer. Der ganze Boden ist schon mit weißen Losen übersät, die leider nicht gewonnen haben. Vorsichtig öffnet er das erste weiße Los. „Leider nicht gewonnen" steht in großen, roten Buchstaben darauf. Dann öffnet er das nächste und das übernächste Los, aber immer wieder steht dort derselbe rote Schriftzug. Beim letzten Los ist er schon ziemlich enttäuscht. Aber was steht da: „Hauptgewinn". Alexander kann sein Glück kaum fassen. „Du kannst dir aussuchen, was du möchtest", sagt der Losverkäufer. Die Wahl fällt Alexander ganz leicht. Den großen, blauen Plüschhund nimmt er mit strahlenden Augen entgegen. So einen schönen bunten Tag hatten die beiden schon lange nicht mehr.

Gedächtnisübungen

1. Welche Attraktionen gibt es auf dem Jahrmarkt?

Die Teilnehmer überlegen, welche Attraktionen auf einem Jahrmarkt zu finden sind.

Beispiele: Schießbude, Losbude, Kettenkarussell, Geisterbahn, „Hau den Lukas" …

Tipp: Fragen Sie die Teilnehmer nach ihrer Lieblingsattraktion auf dem Jahrmarkt. Lassen Sie diese begründen.

2. Volle Schlange

Schreiben Sie die Buchstaben des Wortes „Losbude" von oben nach unten und von unten nach oben an ein Flipchart oder an eine Tafel. Die Teilnehmer suchen für den Zwischenraum des Anfangs- und Endbuchstabens jeweils drei Wörter, die mit diesen Buchstaben beginnen bzw. enden.

Beispiel: L .... E → Lose, Liebe, Lotte …
O .... D → Ortsrand, Oberhemd, Ostwind …
S .... U → Sau, Stau, Schau …
B .... B → Brotkorb, Bob, Buchenlaub …
U .... S → Usus, Umriss, Unterhaus …
D .... O → Domino, Duplo, Damenklo…
E .... L → Erpel, Eifel, Enkel …

3. Fantasiekarussells kreieren

Die Teilnehmer erfinden neue Karussells und geben ihnen fantasievolle Namen, wie z. B. „Der rote Feuerblitz" (eine Achterbahn mit dreifachem Looping durch Feuerringe) …

Gartenträume

Die folgende **Bewegungsgeschichte** ist so aufgebaut, dass Sie als Vorleser die Bewegungen vorführen und Ihre Teilnehmer die Bewegungen nachmachen. Damit Sie die Bewegungsimpulse schnell erkennen, sind diese farbig in Klammern hervorgehoben. Je nach Zielgruppe können Sie die Bewegungsimpulse auch vor dem Lesen einmal mit den Senioren ausführen.

Lesen Sie die Geschichte erneut langsam vor und stellen Sie Ihren Teilnehmern vorab – je nach Leistungsfähigkeit – eine oder mehrere der folgenden Aufgaben:

- Merken Sie sich, was Doris in ihrem Garten anpflanzen möchte. *(Salatpflänzchen und Mangold)*
- Merken Sie sich, welche Hecke Doris schneidet. *(Lorbeerhecke)*
- Merken Sie sich, wo Doris überall Unkraut zupft. *(Blumenbeet, Kräuterbeet, Nutzgarten)*
- Merken Sie sich, welche Arbeitsutensilien Doris für die Gartenarbeit benutzt. *(Gartenhandschuhe und -stiefel, Eimer, kleine Hacke, große Heckenschere, großen Gartenkorb, kleine Schaufel, Setzholz, Gießkanne)*

Gartenträume

Wenn Doris auf etwas stolz ist, dann ist es ihr Garten. Wann immer es ihre Zeit erlaubt, ist die begeisterte Hobbygärtnerin dort am Arbeiten. So ist es nicht verwunderlich, dass in ihrem Garten nicht nur Blumen und Sträucher in Hülle und Fülle sprießen, sondern auch Salate und Kräuter. Auch heute hat Doris sich vorgenommen, in ihrem Garten zu arbeiten. Wenn Sie Lust haben, können Sie ihr bei der Gartenarbeit etwas helfen.

Die letzten beiden Wochen hat es zu Doris' Leidwesen nur geregnet. Doch heute scheint endlich wieder die Sonne, sodass die begeisterte Hobbygärtnerin ihrer geliebten Gartenarbeit nachgehen kann. Zusehen zu müssen, wie das Unkraut in ihrem Garten die Oberhand gewinnt, und nichts dagegen machen zu können, das war ganz schön hart für Doris. Zudem möchte sie heute noch ein paar Salatpflänzchen setzen und Mangold säen.

Froh gelaunt und voller Tatendrang macht sie sich gleich ans Werk. Zuerst muss sie die Gartenhandschuhe anziehen *(imaginäre Handschuhe anziehen)*, dann natürlich noch die Gartenstiefel *(imaginäre Stiefel anziehen)*. Aus dem Geräteschuppen holt Doris einen Eimer für das Unkraut *(einen Eimer mit den Händen nachzeichnen)* sowie eine kleine Hacke und steuert zielstrebig auf ihr Blumenbeet zu *(auf der Stelle gehen)*.
Der Regen hat die Erde schön aufgeweicht, sodass sich der Boden mit der kleinen Hacke gut lockern lässt *(Boden hacken mit der rechten Hand)*. Und schon kann es dem Unkraut an den Kragen gehen. Doris zupft ein Unkraut nach dem anderen aus dem aufgelockerten Boden heraus *(mit der linken Hand „Unkraut" zupfen)*. Schon bald ist das Blumenbeet sauber und Doris betrachtet zufrieden ihre Arbeit.

Dann fällt ihr Blick auf die Lorbeerhecke, die sie zum Nachbargrundstück gepflanzt hat. Diese muss unbedingt etwas geschnitten werden. Gesagt, getan. Mit der großen Heckenschere rückt Doris der Hecke zu Leibe *(die Arme parallel zum Körper halten und beide Hände zueinander und wieder voneinander weg bewegen)*. Die vielen abgeschnittenen Äste sammelt sie in einem großen Gartenkorb ein *(mit beiden Händen im Wechsel nach rechts und links greifen und so tun, als würde man die Äste in einen Korb werfen)*.

Ehe sich Doris ihrem Kräuterbeet widmet, muss sie aber zuerst einmal ihren Durst löschen *(eine Flasche aufschrauben, mit der rechten Hand Wasser in ein Glas einfüllen und trinken mit der linken Hand)*. Nach der Erfrischung beginnt Doris mit dem Unkrautzupfen *(mit der rechten Hand „Unkraut" zupfen)*. Plötzlich bemerkt sie, dass sich zwischen dem Bohnenkraut etwas bewegt. Ehe sie sich versieht, springt eine Kröte aus dem Kraut heraus. Doris ist im ersten Moment so erschrocken, dass sie einen lauten Schrei ausstößt. Doch dann muss sie über sich selbst lachen. Kurze Zeit später ist auch das Kräuterbeet wieder frei von Unkraut.

Zuletzt wendet sich Doris ihrem Nutzgarten zu. Nachdem sie diesen auch vom Unkraut befreit hat, setzt sie zuerst die Salatpflänzchen. Mit einer kleinen Schaufel macht sie Löcher in die Erde *(mit der rechten Hand nachahmen)*, dann setzt sie ein Pflänzchen nach dem anderen ein *(mit der linken Hand nachahmen)* und drückt zum Schluss die Erde wieder um sie herum fest *(mit beiden Händen nachahmen)*. Anschließend zieht Doris mit einem Setzholz kleine Furchen *(Linien ziehen)*, verteilt die Mangoldsamen *(mit den Fingern „Rieselbewegungen" machen)* und bedeckt das Ganze wieder mit Erde. Zum Abschluss gießt Doris die Salatpflänzchen und die frisch gesäten Mangoldsamen mit der Gießkanne *(gießen nachahmen)*. Zufrieden und stolz schaut sich Doris in ihrem vom Unkraut befreiten Garten um.

Gedächtnisübungen

1. „Garten-Wörter" gesucht

Die Teilnehmer suchen Wörter, die mit dem Wort „Garten" beginnen oder enden.

Beispiele: **Garten**schere, -laube, -tisch …
Schreber-, Kinder-, Schloss**garten** …

2. Themenwörter gesucht

Schreiben Sie das Wort „Garten" senkrecht an ein Flipchart oder an eine Tafel. Die Teilnehmer suchen nach Gegenständen, Tätigkeiten, Blumen, Pflanzen oder Obst und Gemüse, die mit diesem Begriff zu tun haben.

Beispiel: G = graben, gießen, Gurken …
A = aussäen, Akelei, Auberginen …
R = Rasenmähen, Radieschen, Ranunkeln …
T = Tontopf, Torferde, Traubenhyazinthe …
E = Endivien, Erde, Erdbeeren …
N = Nussbaum, Nelken, Naturdünger …

3. Blumenbeet pflanzen

Stellen Sie den Teilnehmern folgende Merkaufgabe:
„Stellen Sie sich vor, wir bepflanzen ein rechteckiges Blumenbeet. In die hintere Reihe pflanzen wir einen roten Rhododendron, rechts daneben eine Zaubernuss und links daneben einen weißen Schmetterlingsflieder. In der vorderen Reihe pflanzen wir auf der linken Seite sechs Erika, auf der rechten Seite fünf Lavendelbüsche und in die Mitte drei Rosenstämmchen."
Anschließend nennen die Teilnehmer die Pflanzen in der richtigen Reihenfolge sowie Anzahl.

Karneval im Rheinland

Die folgende **Bewegungsgeschichte** ist so aufgebaut, dass die Teilnehmer zu bestimmten Signalwörtern, die in der Geschichte farbig hervorgehoben sind, Bewegungen ausführen. Diese sind an bestimmte Kostüme gebunden. Üben Sie diese vor dem Lesen mit den Teilnehmern ein:

- **Clown:** mit imaginären Bällen jonglieren
- **Pirat:** einen imaginären Säbel schwingen
- **Cowboy:** mit den Füßen auf dem Boden tippeln
- **Indianer:** mit imaginärem Pfeil und Bogen schießen
- **Meerjungfrau:** Schwimmzüge machen
- **Basketballspieler:** imaginären Ball in einen Korb werfen
- **Prinz/Prinzessin:** mit einer Hand königlich winken

Weitere Bewegungsabläufe sind farbig in Klammern hervorgehoben.

Lesen Sie die Geschichte erneut langsam vor und stellen Sie Ihren Teilnehmern vorab – je nach Leistungsfähigkeit – eine oder mehrere der folgenden Aufgaben:

- Merken Sie sich, wie der Feiertag heißt. *(Rosenmontag)*
- Merken Sie sich, wie die Personen in der Geschichte heißen. *(Birgit, Ralf, Christiane, Rudi)*
- Merken Sie sich, welche Kostüme in der Geschichte vorkommen. (Clown, Pirat, Cowboy, Indianer, Meerjungfrau, Basketballspieler, Prinz, Prinzessin)

Karneval im Rheinland

Letztes Jahr im Dezember ist Birgit aus Norddeutschland in das Rheinland gezogen. Ihre große Liebe Ralf hat sie schon einige Male gebeten, zu ihm zu ziehen. Jetzt hat sie den Schritt gewagt.

„Heute wirst du die fünfte Jahreszeit kennenlernen" scherzt Ralf und strahlt Birgit an. Ralf und Birgit haben heute frei. Es ist Rosenmontag. An diesem Tag wird im Rheinland kräftig gefeiert. Das kann Birgit kaum glauben. Sie hat früher schon mal im Fernsehen einen Rosenmontagsumzug gesehen, aber den fand sie immer sehr merkwürdig.

Ralf hat für Birgit und sich ein Kostüm besorgt. Sie gehen beide als **Clown**. Skeptisch malt sich Birgit ihr Gesicht weiß an, sprüht ihre Haare mit blauer Farbe ein, setzt sich eine rote Plastiknase auf und schlüpft in das **Clownskostüm**. Sie sieht Ralf an, der ebenfalls fertig verkleidet ist, und denkt sich, dass er auch als **Clown** wirklich attraktiv aussieht. Er hat sich einen großen, roten Mund gemalt und seine Haare mit rosa Farbe eingesprüht.

So verkleidet gehen sie raus auf die Straße. Da kommt ihnen eine ganze Reihe kostümierter Personen entgegen. Es gibt **Piraten, Cowboys, Indianer** und auch einige andere **Clowns**. Eine Frauengruppe hat sich als **Meerjungfrauen** verkleidet.
Alle gehen in Richtung Marktplatz, denn von dort aus kann man die vorbeifahrenden, bunt geschmückten Wagen am besten sehen. Viele Leute haben eine leere Tüte oder Tasche dabei. Wozu die wohl gut sein soll?

Am Marktplatz angekommen, treffen Birgit und Ralf ihre besten Freunde Christiane und Rudi. Die beiden haben sich als **Basketballspieler** verkleidet.

Dann ist es schon so weit. Der erste Karnevalswagen rollt an ihnen vorbei. Birgit kommt ins Staunen. Der Wagen ist wunderschön geschmückt. Große, bunte Blumen und blaue, gelbe sowie rote Wimpel flattern im Fahrtwind. Alle Personen auf dem Wagen sind als **Clowns** verkleidet und singen ein Karnevalslied.
Plötzlich merkt Birgit, dass etwas Hartes ihren Kopf trifft. Sie duckt sich. Ralf lacht und sagt: „Das sind Kamelle oder auf Hochdeutsch Bonbons."
Dann zieht er eine leere Tüte aus der Tasche und sammelt einige Kamelle von der Straße auf.
Schon kommt der nächste Festwagen. Der sieht aus wie ein großes Schiff. Alle darauf sind als **Piraten** verkleidet.
Als Nächstes kommt ein Spielmannszug und sorgt für Stimmung. Die Leute fangen an, zu schunkeln *(von rechts nach links schunkeln)*. Birgit fühlt sich etwas fehl am Platz, da sie das Lied nicht kennt. Doch schon wird sie von rechts und links untergehakt und ist auch am Schunkeln *(von rechts nach links schunkeln)*.

Dann kommt ein großer Wagen in Form eines Wals. Auf ihm stehen die **Meerjungfrauen**, die sie vorhin gesehen haben, und werfen Tulpen in die Menge.

Ein Wagen nach dem anderen, mit Themen aus Politik, Sport, Wirtschaft und Gesellschaft, fährt an ihnen vorbei. Ganz zum Schluss kommt der **Prinz**. Mittlerweile fühlt sich Birgit als **Clown** ganz wohl, aber nächstes Jahr möchte sie als **Prinzessin** gehen.

Gedächtnisübungen

1. Abc-Übung

Die Teilnehmer versuchen, zu jedem Buchstaben des Alphabetes ein Kostüm zu finden.

Beispiele: **A**stronaut, **B**andit, **C**lown, **D**rachen …

2. Welche Karnevalslieder kennen Sie?

Suchen Sie zusammen mit den Teilnehmern Karnevalslieder. Diese können dann gemeinsam angestimmt werden.

Mögliche Lieder

a. Am Rosenmontag bin ich geboren *(Margit Sponheimer, 1969)*
b. Mer losse d'r Dom en Kölle *(Bläck Fööss, 1973)*
c. Wenn das Wasser im Rhein goldner Wein wär *(Volkslied)*
d. Es gibt kein Bier auf Hawaii *(Paul Kuhn, 1963)*
e. An der Nordseeküste *(Klaus & Klaus, 1985)*

3. Kreative Verwendungsmöglichkeiten

Die Teilnehmer suchen zu typischen Karnevalsutensilien kreative Verwendungsmöglichkeiten.

Beispiele:

a. **Karnevalsorden** = Kette zum Abendkleid, Dienstmarke, Schlüsselanhänger
b. **Konfetti** = falscher Regen, Füllmaterial für ein Kissen, Puzzle
c. **Perücke** = Regenhaube, Mütze, Obstschale
d. **Tröten** = Abstandhalter, Feueralarmsignal, Froschzunge
e. **Kamelle** = Anstecknadel, Kuchendekoration, Zahlungsmittel

Der neue Fernseher

Die folgende **Bewegungsgeschichte** ist so aufgebaut, dass die Teilnehmer zu bestimmten Signalwörtern, die in der Geschichte farbig hervorgehoben sind, Bewegungen ausführen. Erklären Sie Ihren Teilnehmern vorab, dass die Bewegungen an bestimmte **Sportarten** *(nachahmen)*, **Filme** *(Arme nach oben strecken)* und **Zahlen** *(in die Hände klatschen)* gebunden sind.

Lesen Sie die Geschichte erneut langsam vor und stellen Sie Ihren Teilnehmern vorab – je nach Leistungsfähigkeit – eine oder mehrere der folgenden Aufgaben:

- Merken Sie sich die Namen der Personen, die in der Geschichte vorkommen. *(Hans, Mia, Otto)*
- Merken Sie sich, welche Sportsendungen genannt werden. *(Zehnkampf-Leichtathletik, Kugelstoßen und Speerwerfen, Fußball, Tour de France, Rudern)*
- Merken Sie sich, welche Filme genannt werden. *(„James Bond", „Der Bergdoktor", Tiersendung über Siebenschläfer, „Zwölf Uhr mittags", „Titanic")*

Der neue Fernseher

Hans und Mia, ein rüstiges Ehepaar, bekommen heute einen neuen Fernseher geliefert. Beide freuen sich auf ihre Neuanschaffung, auch wenn die Vorliebe ihrer Fernsehsendungen so gar nicht auf einen Nenner zu bringen ist. Während Hans sich gern Sportsendungen anschaut, mag Mia lieber Filme jeglicher Art. Mia hätte ja liebend gern einen eigenen Fernseher gehabt, aber Hans ließ sich davon nicht überzeugen. „Das hat bisher in unserer 45-jährigen Ehe immer funktioniert und wird auch weiterhin funktionieren", war sein einziger Kommentar.

Als es an der Tür klingelt, öffnet Hans. Er begrüßt seinen langjährigen Fernsehmechaniker Otto, der ein ziemlich riesiges Paket mit einem Sackkarren ins Wohnzimmer schiebt. Otto stellt den beiden die Fernsehprogramme ein und erklärt ihnen das Wichtigste.
Nachdem er sich verabschiedet hat, schaltet Hans sofort den Sportkanal ein. Er sieht gerade noch die Zusammenfassung vom **Kugelstoßen** *(imaginäre Kugel mit dem linken Arm werfen)* und **Speerwerfen** *(imaginären Speer mit dem rechten Arm werfen)* der Leichtathletik-**Zehnkämpfe** *(in die Hände klatschen)*. Beachtliche **21 Meter** *(in die Hände klatschen)* erzielte der **Kugelstoßer** *(imaginäre Kugel mit dem linken Arm werfen)*, und der **Speerwerfer** *(imaginären Speer mit dem rechten Arm werfen)* schaffte sogar **90 Meter** *(in die Hände klatschen)*.
Otto nimmt die neue Fernbedienung, denn er möchte die Lautstärke etwas höher stellen. Versehentlich drückt er auf den falschen Knopf und befindet sich mitten in einem **James Bond-Spielfilm** *(Arme nach oben strecken)*. Das gefällt natürlich seiner Frau Mia, die gerade ins Wohnzimmer gekommen ist. Sofort setzt sie sich in ihren bequemen Fernsehsessel, um sich den **James Bond-Spielfilm** *(Arme nach oben strecken)* anzuschauen. Sean Connery spielt den **James Bond** *(Arme nach oben*

strecken), von dem Mia immer wieder von Neuem ganz begeistert ist. „Schau nur, Hans!", ruft sie begeistert. „**Agent 007** *(in die Hände klatschen)*, wie er leibt und lebt. Schade, dass ich nicht weiterschauen kann. Ich muss unser Mittagessen vorbereiten."
Hans atmet erleichtert auf und schaltet zurück zum Sportkanal. Ein **Fußballspiel** *(mit jedem Fuß 3-mal einen imaginären Ball wegschießen)* läuft gerade, aber es steht kurz vor dem Ende immer noch **1:1** *(in die Hände klatschen)* unentschieden. Nahtlos geht es weiter mit einem Bericht über die **Tour de France** *(entweder mit den Füßen oder den Armen oder mit Füßen und Armen „Fahrrad fahren" nachahmen)*. Allerdings kann er diese nicht bis zum Ende ansehen, da ihn seine Frau zum Mittagessen ruft.

Endlich hat Mia den neuen Fernseher für sich allein, denn Hans hält nach dem Mittagessen immer ein kleines Schläfchen. Und so zappt sie sich mit der Fernbedienung von einem Kanal zum anderen. **„Der Bergdoktor"** *(Arme nach oben strecken)* kommt im **zweiten Programm** *(in die Hände klatschen)*. Im **dritten** *(in die Hände klatschen)* läuft eine Tiersendung über **Siebenschläfer** *(in die Hände klatschen)*. Mia drückt eine Programmtaste nach der anderen und befindet sich auf einmal mitten in **„Zwölf Uhr mittags"** *(in die Hände klatschen und Arme hoch strecken)*. Diesen Film hat sie aber schon so oft gesehen, dass sie einfach weiterdrückt. **„Titanic"** *(in die Hände klatschen)* läuft im nächsten Sender, aber auch diesen Film hat sie bereits gesehen. So fällt es Mia auch nicht schwer, die Fernbedienung an Hans zu übergeben, als dieser von seinem Mittagsschläfchen ins Wohnzimmer zurückkehrt. Das findet Hans prima, denn gleich wird im Sportkanal über die **Ruderwettbewerbe** berichtet *(mit den Armen Ruderbewegungen machen)*.
„Ich habe doch gleich gesagt, dass wir mit einem Fernseher auskommen", brummt Hans vor sich hin. „Klappt auch so bestens."

Gedächtnisübungen

1. Schauspieler und Schauspielerinnen gesucht

Die Teilnehmer nennen Schauspieler und Schauspielerinnen.

Beispiele: Grethe Weiser, Uschi Glas, Mario Adorf, Roger Moore, Maria Schell, Inge Meisel …

2. Unterbegriffe gesucht

Nennen Sie Oberbegriffe und die Teilnehmer nennen passende Unterbegriffe.

Beispiele:

a. **Deutsche Schauspieler:** Götz George, Horst Buchholz, Klaus Kinski …
b. **Deutsche Schauspielerinnen:** Romy Schneider, Hildegard Knef, Senta Berger …
c. **Bekannte, alte Spielfilme:** „Die zehn Gebote", „Vom Winde verweht", „In 80 Tagen um die Welt" …
d. **Fernsehmoderatoren:** Thomas Gottschalk, Wim Thoelke, Robert Lembke …

Tipp: Die Antworten können an ein Flipchart oder eine Tafel geschrieben werden. Die Teilnehmer überlegen gemeinsam, in welchen Filmen die genannten Personen gespielt haben.

3. Berühmte Filmpaare gesucht

Die Teilnehmer suchen nach berühmten Filmpaaren.

Beispiele: Elizabeth Taylor und Richard Burton, Romy Schneider und Karlheinz Böhm, Clark Gable und Vivien Leigh, Dick und Doof, Bonnie und Clyde …

Der Tante-Emma-Laden

Die folgende **Bewegungsgeschichte** ist so aufgebaut, dass die Teilnehmer immer eine Bewegung ausführen, wenn ein Begriff genannt wird, den man in einem Tante-Emma-Laden kaufen kann. Dabei wird bei allen Begriffen, die mit den Buchstaben **A–I** beginnen, mit der **rechten Hand ein Kreis in die Luft gezeichnet** und bei allen Begriffen, die mit den Buchstaben **J–Z** beginnen, mit der **linken Hand ein Viereck in die Luft gezeichnet**.
Lesen Sie die Geschichte so langsam vor, dass Ihre Teilnehmer die Bewegungen an den entsprechenden Stellen ausführen können. Damit Sie die Bewegungsimpulse schnell erkennen, sind die Anfangsbuchstaben der relevanten Begriffe farbig hervorgehoben. Je nach Zielgruppe können Sie die Bewegungsimpulse auch vor dem Lesen einmal mit den Senioren ausführen.

Lesen Sie die Geschichte erneut langsam vor und stellen Sie Ihren Teilnehmern vorab – je nach Leistungsfähigkeit – eine oder mehrere der folgenden Aufgaben:

- Merken Sie sich, wie die Besitzerin des Tante-Emma-Ladens heißt. *(Frau Müller)*
- Merken Sie sich, welche Köstlichkeiten in den Gläsern auf der Ladentheke stehen. *(Liebesperlen, saure Drops, Lakritz-Salinos und Eiskonfekt)*
- Merken Sie sich, was Lukas kauft. *(drei Päckchen Brausepulver, drei saure Drops, vier Lakritz-Salinos, fünf Eiskonfekt, vier Blätter Esspapier)*

Der Tante-Emma-Laden

Bei Familie Baumann in der Straße gibt es noch einen richtigen Tante-Emma-Laden. Er ist ein kleines Schlaraffenland, das in der Mitte ihres Dorfes liegt. Eigentlich wohnen sie nicht einmal in einem Dorf, sondern in einer kleinen Ansammlung von Häusern etwas außerhalb der Stadt. Familie Baumann, das sind Vater Lars, Mutter Meike, Tochter Laura, Sohn Lukas und der Familienhund Bob.

Heute hat Lukas sein Taschengeld bekommen. Sofort geht er in den Tante-Emma-Laden. Hier ist es ganz anders als im Supermarkt. Auf der Ladentheke stehen riesige Gläser, die mit den verschiedensten Köstlichkeiten gefüllt sind: es gibt Liebesperlen, saure Drops, Lakritz-Salinos und Eiskonfekt, das in bunten Aluminiumfolien eingepackt ist.

Frau Müller, die Ladenbesitzerin, unterhält sich gerade angeregt mit Frau Schulze und hat für Lukas im Augenblick keine Zeit.
„Das kann dauern", denkt Lukas. Also stöbert er ganz gemütlich durch den Laden. Das Geschäft ist prall gefüllt mit allen Sachen, die man zum Leben so braucht. Aus einer Ecke strömt ein intensiver Duft. Hier stehen ganz viele verschiedene Waschmittel und wohlriechende Seifenstücke. Ein Stückchen weiter gibt es eine kleine Glasvitrine, in der geräucherte Heringe liegen. Als Lukas an diesen vorbeigeht, hat er das Gefühl, die Fische schauen ihn an und fragen sich, was er wohl hier macht. „Bloß schnell weiter," denkt sich Lukas und lacht.
Dann kommt er an ein Regal, in dem abgepackte Süßigkeiten liegen. Er sieht Tütchen mit Brausepulver, auf denen ein kleiner Matrose abgebildet ist. Das Brausepulver kann man mit der Zunge direkt aus der Tüte schlecken. Es prickelt dann ganz stark im Mund. Man könnte auch ein köstliches Getränk mit Wasser daraus zubereiten. Die Versuchung ist groß und er nimmt drei Päckchen Brausepulver mit Zitronengeschmack.

Etwas weiter stehen die Putzmittel und dann gibt es ein großes Regal mit Kosmetikprodukten. Kai, ein Student, der Frau Müller manchmal im Laden hilft, räumt das Regal gerade ein. Er befüllt es mit Shampoo, Haarfärbemittel und Duschgel.

Plötzlich bimmelt die Türglocke und Lukas sieht, wie Frau Schulze den Laden verlässt. Jetzt ist seine Chance gekommen, Süßigkeiten zu kaufen. Er stürmt zur Theke. Fast hätte er dabei die Gläser mit den Gewürzgurken umgerissen.
An der Theke steht Frau Müller und lächelt ihn an. Sie fragt Lukas, was er denn kaufen möchte. Dabei zieht sie eine kleine Papiertüte, die mit blauen Sternen bedruckt ist, unter der Ladentheke hervor. Das Tolle ist, dass man alle Süßigkeiten einzeln kaufen kann. Lukas entscheidet sich für drei saure Drops, vier Lakritz-Salinos und fünf Eiskonfekt. Frau Müller nimmt eine kleine Zange und packt die Süßigkeiten in die kleine Tüte. Dann sieht er noch Esspapier. Davon nimmt Lukas auch noch vier Blätter mit.

„Ist das alles?", fragt Frau Müller. Brav nickt Lukas und geht mit ihr zu ihrer riesigen Kasse. Die Kasse hat lauter Tasten und Frau Müller tippt die Preise ein. Dann zieht sie an einem langen Hebel und die Kasse öffnet sich mit einem lauten, klingelnden Geräusch.

Lukas sagt zu Frau Müller, dass das Spaß gemacht hat und er, wenn er groß ist, auch einen Tante-Emma-Laden aufmachen möchte. Frau Müller strahlt ihn an und schenkt ihm noch ein Kaugummi und ein paar Gummibärchen.

Gedächtnisübungen

1. Wortsammlung

Die Teilnehmer nennen Dinge, die sie früher im Tante-Emma-Laden eingekauft haben.

Beispiele: Milch in einer Milchkanne, frischen Aufschnitt …

2. Werbesprüche erraten

Lesen Sie die Anfänge bekannter Werbesprüche langsam vor. Können Ihre Teilnehmer die Sprüche vervollständigen?

Beispiele

a. Darauf einen … Dujardin.

b. Haribo … macht Kinder froh.

c. Mach doch mal Pause … und geh nicht gleich in die Luft. *(Werbung der Zigarettenmarke HB mit dem HB-Männchen)*

d. Der nächste Winter … kommt bestimmt. *(Braunkohle-Briketts)*

3. Ich packe meinen Einkaufskorb

Lassen Sie sich zehn mögliche Einkaufswaren von den Teilnehmern zurufen und schreiben Sie diese an ein Flipchart oder eine Tafel. Die Teilnehmer überlegen zu jedem genannten Artikel ein Eigenschaftswort, wie z. B. zermatschte Tomaten, saure Gurken, klebrige Limonade … Dann decken Sie den Flipchart oder die Tafel ab. Die Teilnehmer rufen die Einkaufswaren samt Eigenschaftswort aus ihrer Erinnerung ab.

Tipp: Die Aufgabe wird schwieriger, wenn das Eigenschaftswort mit demselben Buchstaben beginnen muss, wie die genannte Einkaufsware, z. B. teure Tomaten, grüne Gurken, lila Limonade …

Knobelgeschichten

Mit diesen Geschichten zum **Knobeln** fordern Sie das Gehirn voll und ganz heraus! Sie trainieren nicht nur das assoziative und logische Denken, sondern auch die Wortfindung, Urteilsfähigkeit, Denkflexibilität und nicht zuletzt das Langzeitgedächtnis – und wirken damit vorbeugend der Vergesslichkeit entgegen! Nehmen Sie die geistige Herausforderung an? Dann bringen Sie mit diesen Geschichten die Köpfe richtig zum Qualmen!

Der Tagesablauf von Tante Frieda

Die folgende **Knobelgeschichte (Abc-Geschichte)** ist von Ihren Teilnehmern an den farblich gekennzeichneten Stellen im Text in der Reihenfolge des Alphabets zu ergänzen. Dabei dürfen auch die Umlaute (ä – ö – ü), falls erforderlich, verwendet werden. Bei den vorgegebenen Antworten handelt es sich nur um Vorschläge. Andere, passende Lösungswörter sind natürlich ebenfalls richtig. Je nach Leistungsfähigkeit Ihrer Teilnehmer kann es hilfreich sein, das Abc an ein Flipchart oder eine Tafel zu schreiben und eventuell abzustreichen.

Lesen Sie die Geschichte erneut langsam vor und stellen Sie Ihren Teilnehmern vorab – je nach Leistungsfähigkeit – eine oder mehrere der folgenden Aufgaben:

- Merken Sie sich die Uhrzeiten in der Geschichte.
  (8.00 Uhr, 9.00 Uhr, 11.00 Uhr, 13.00 Uhr, 15.00 Uhr, 19.00 Uhr, 23.00 Uhr)
- Merken Sie sich alle Namen, die in der Geschichte vorkommen.
  (1. Tante Frieda, 2. Hund Pepe, 3. Freundin Hildegard, 4. Café „Ilse", 5. Felix von nebenan, 6. Nachbar Kurt)
- Merken Sie sich die Uhrzeiten und die dazugehörigen Aktivitäten.
  (8.00 Uhr – Wecker klingelt, 9.00 Uhr – Frühstück, 11.00 Uhr – Treffen mit der Freundin, 13.00 Uhr – Mittagessen, 15.00 Uhr – Fernsehnachrichten, 19.00 Uhr – Abendessen, 23.00 Uhr – schlafen gehen)

Der Tagesablauf von Tante Frieda

Tante Frieda ist eine lebensfrohe, quirlige ältere Dame. Sie hat ihren Tagesablauf seit jeher stets gut durchorganisiert.
Jeden Morgen klingelt pünktlich um 8.00 Uhr ihr Wecker. Ehe sie aus dem Bett ***a**ufsteht*, reckt und streckt sie sich, um ihre steifen Glieder zu lockern. Damit ihr Kreislauf so richtig in Schwung kommt, macht sie nach dem Aufstehen noch zehn Kniebeugen. Nach dieser kleinen Morgengymnastik geht Tante Frieda zum Duschen und Zähneputzen ins ***B**adezimmer*.
Um 9.00 Uhr bereitet sie sich ein leckeres Frühstück zu. Dazu trinkt sie einen echten, italienischen ***C**appuccino* mit ganz viel Milchschaum.
Ihr Hund Pepe, ein quirliger ***D**ackel*, schaut zu, wie sich Tante Frieda ein Brötchen mit selbst gemachter Marmelade aus frischen ***E**rdbeeren* bestreicht. Die Erdbeeren sind natürlich aus Tante Friedas Garten, denn sie ist eine begeisterte Hobbygärtnerin. Wohin das Auge schaut, grünt und blüht es in ihrem Garten in allen Farben.

Tante Frieda wohnt in einem kleinen, schmucken Häuschen mit grünen Klappläden sowie weißen ***F**enstern*, vor denen ***G**ardinen* hängen.
Einmal in der Woche trifft sich Tante Frieda um 11.00 Uhr mit ihrer besten Freundin ***H**ildegard* im Café „***I**lse*". Sie tauschen Neuigkeiten aus oder diskutieren über aktuelle Themen, die sie bewegen. Heute besprechen sie ihre gemeinsame Städtereise nach ***J**ena*, auf die sich die beiden sehr freuen. Nachdem die letzten Details besprochen sind, zahlen sie ihre Rechnung und verabschieden sich voneinander.
Tante Frieda muss noch für ihr Mittagessen um 13.00 Uhr einkaufen.
Sie hat Lust auf ein deftiges ***K**otelett* mit ***L**auchgemüse*.

Wieder zu Hause angekommen, begrüßt Pepe sein Frauchen schwanzwedelnd und bekommt ein Leckerli.

Nach dem Mittagessen legt sich Tante Frieda auf ihre bequeme Couch und hält ein kurzes ***M**ittagsschläfchen*. Ausgeruht schaut sie sich dann um 15.00 Uhr im Fernsehen die neuesten ***N**achrichten* an.
Heute kann sich Tante Frieda jedoch nicht richtig auf die Nachrichten konzentrieren. Der kleine Felix von nebenan übt auf seinem neuen Musikinstrument, einer ***O**boe*. Die Töne klingen noch etwas schräg. So hofft sie, dass er schon bald eine ***P**ause* machen wird.
Sie schaltet den Fernseher aus, setzt sich auf ihre Gartenterrasse und verspeist ein Schälchen mit ***Q**uark*. Der Rasen müsste eigentlich wieder gemäht werden, denkt sie dabei. Also steht sie auf und holt aus dem Geräteschuppen den ***R**asenmäher*. Durch den Lärm des Rasenmähers fühlt sich allerdings ihr Nachbar Kurt gestört, der in seiner Hängematte etwas dösen möchte. Kurt bricht sogleich einen ***S**treit* vom Zaun.

Tante Frieda lässt sich gar nicht davon beeindrucken und mäht seelenruhig weiter. Um ihren Nachbarn Kurt wieder friedlich zu stimmen, schenkt sie ihm nach getaner Arbeit für seine Pfeife ein Päckchen ***T**abak*. Kurt ist über Tante Friedas Geschenk vollkommen ***ü**berrascht*. Mittlerweile tut ihm der Streit leid. Kurzentschlossen pflückt er ein Sträußchen blauer ***V**eilchen* aus seinem Garten und überreicht sie Tante Frieda. Sie stellt diese direkt in eine kleine Vase mit frischem ***W**asser*. Während sie um 19.00 Uhr ihr Abendessen zu sich nimmt, erfreut sie sich am Anblick der Veilchen.
Ehe Tante Frieda ins Bett geht, schaut sie noch etwas fern. Heute kommt ihre Lieblings-Kriminalsendung „*Aktenzeichen **XY** … ungelöst*“. Um 23.00 Uhr geht Tante Frieda, wie jeden Abend, ins Bett. Doch vorher geht sie noch ins Bad, zieht dort ihren rotgestreiften Schlafanzug an und putzt sich die ***Z**ähne*. Kaum hat sie das Licht ausgemacht, ist sie auch schon eingeschlafen.

Gedächtnisübungen

1. Gegenteile suchen

Die Teilnehmer nennen zu den vorgegebenen Begriffen das Gegenteil.

Beispiele: klein – groß, dick – dünn, kurz – lang, hoch – tief, kalt – warm/heiß, alt – jung/neu, langsam – schnell, weich – hart …

Tipp: Die Antworten können an ein Flipchart oder eine Tafel geschrieben werden. Die Teilnehmer bilden Sätze, in denen beide Begriffe vorkommen, wie z. B.: Tante Frieda ist **klein** und zierlich, aber ihr Hunger ist immer sehr **groß**.
Einfacher wird es, wenn die Teilnehmer Sätze bilden, in denen nur ein Wort der genannten Gegenteile verwendet wird, z. B.: Tante Frieda ist **klein** und zierlich.

2. Frieda

Die Teilnehmer sollen zu jedem Buchstaben des Namens „F-R-I-E-D-A“ jeweils einen weiblichen Vornamen, einen männlichen Vornamen, einen Familiennamen und einen Städtenamen finden und daraus einen sinnvollen Satz bilden.

Beispiel: F – Friederike und Franz Fröhlich aus Frankfurt fahren an die See.

3. Fantasiegeschichte

Die Teilnehmer erzählen reihum eine gemeinsame Abc-Fantasiegeschichte. Zur Vereinfachung können vorher am Flipchart oder an der Tafel Abc-Wörter angeschrieben werden.

Die Geburtstagsfeier

Die folgende **Knobelgeschichte (Zwillingswortgeschichte)** beinhaltet Wörter, die sprachlich als Wortpaar zusammengehören und fast immer mit einem **„und"** verbunden sind, wie z. B. Wind und Wetter, Pauken und Trompeten, von Zeit zu Zeit.
Die Geschichte ist so aufgebaut, dass Sie als Vorleser immer bei einem Zwillingswort den ersten Teil lesen und beim zweiten Teil pausieren. Aufgabe Ihrer Teilnehmer ist es, die passenden Zwillingswörter in der Geschichte zu ergänzen. Diese sind für Sie als Vorleser zur schnelleren Erkennbarkeit farbig hervorgehoben.
Bevor Sie mit dem Vorlesen der Geschichte beginnen, geben Sie Ihren Teilnehmern ein paar Beispiele (siehe oben) von Zwillingswörtern. Lesen Sie dann die Geschichte langsam vor.

Lesen Sie die Geschichte erneut langsam vor und stellen Sie Ihren Teilnehmern vorab – je nach Leistungsfähigkeit – eine oder mehrere der folgenden Aufgaben:

- Merken Sie sich, wer Geburtstag hat. *(Oma Erna)*
- Merken Sie sich, wie der Bürgermeister und seine Frau heißen. *(Herr Richter und Emilie)*
- Merken Sie sich, welche Spiele gespielt werden. *(Mensch ärgere Dich nicht, Räuber und Gendarm, Cowboy und Indianer)*
- Merken Sie sich, wer alles zur Geburtstagsfeier kommt. *(Tochter Luise mit Kindern Gisel und Ursel, Sohn Ernst mit seiner Frau Anna und Schwester Brunhilde)*
- Merken Sie sich, welche Geschenke Oma Erna bekommt. *(selbst gemalte Bilder, ein Video von „Dick und Doof", ein Buch vom Ritter ohne Furcht und Tadel, eine Jacke für Wind und Wetter)*

Die Geburtstagsfeier

Oma Erna sitzt auf ihrem dunkelbraunen Sofa und wartet auf ihre Familie. Heute ist ihr 81. Geburtstag. Mit Furcht und **Schrecken** denkt sie an ihre letzte Geburtstagsfeier zurück. Die ist mit Pauken und **Trompeten** ins Wasser gefallen.

Ihre Tochter Luise, die in Saus und **Braus** lebt, hatte eine Riesenfete im Stadtgarten des kleinen Städtchens organisiert. Es waren extra Tische und **Stühle (Bänke)** für die Gäste aufgestellt worden. Luise hatte aber so viele Leute eingeladen, dass alle nur mit Hängen und **Würgen** einen Platz zum Sitzen gefunden hatten. Die meisten waren mit Kind und **Kegel** gekommen und hatten sich in Samt und **Seide** gekleidet. Selbst den Bürgermeister Herrn Richter mit seiner Frau Emilie, die früher einmal rank und **schlank** war, hatte sie eingeladen.
Kaum waren alle Gäste eingetroffen, fing es an, zu regnen. Ein richtiger Sturm breitete sich aus. Dann ging alles drunter und **drüber**. Die Gäste sprangen auf, liefen durch den Regen und verteilten sich in alle Himmelsrichtungen.
Mit Ach und **Krach** kam Oma Erna nach der Feier ganz durchnässt zu Hause an. Ihr neues rot-weiß gestreiftes Kleid war vollkommen ruiniert. Diese riesige Feier hatte ihr ganz und **gar** nicht gefallen. Ihre Tochter hatte ihr hoch und **heilig** versprechen müssen, dass sie das nächste Mal nur im Kreise der Familie feiern.

Plötzlich wird Oma Erna aus ihren Gedanken an ihre letzte Geburtstagsfeier gerissen. Es klingelt pünktlich um 15.00 Uhr an der Haustür. Oma Erna öffnet freudestrahlend und da stehen sie alle: ihre Tochter Luise mit den beiden Kindern Gisel und **Ursel**, ihr Sohn Ernst mit seiner Frau Anna und ihre Schwester Brunhilde.

Nachdem es sich alle im Wohnzimmer gemütlich gemacht haben, sind Gisel und **Ursel** Feuer und **Flamme**, Oma Erna ihre selbst gestalteten Geschenke zu überreichen. Oma Erna öffnet das hübsche Geschenkpapier und ist hin und **weg** von den wunderschön gemalten Bildern. Auf dem einen Bild sieht Oma Erna Berg und **Tal** mit Gämsen, die die Berge rauf- und **runter**wandern. Das erinnert sie an einen Urlaub mit der Familie im Schwarzwald. Auf dem anderen Bild sind Sonne und **Meer** zu sehen. In Gedanken ist sie bei einem Ausflug an die Nordsee.
Auch alle anderen haben Geschenke in Hülle und **Fülle** mitgebracht. Sie bekommt ein Video von „Dick und **Doof**", ein Buch vom Ritter ohne Furcht und **Tadel** und eine Jacke für Wind und **Wetter**.

Dann führt Oma Erna alle an den herrlich gedeckten Kaffeetisch. Dort stehen schon Kaffee und **Kuchen**. Für die Kinder gibt es heute selbst gemachte Zitronenlimonade. Nach Lust und **Laune** greifen alle zu, denn Essen hält bekanntlich Leib und **Seele** zusammen.
Nach dem Kaffeetrinken ist es Zeit für Spiel und **Spaß**. Alle räumen Hand in **Hand** den Tisch ab und dann wird eine Runde „Mensch ärgere Dich nicht" gespielt. Eine so schöne Feier hat Oma Erna ganz und **gar** nicht erwartet. Von Zeit zu **Zeit** schaut sie heimlich auf ihre Armbanduhr und sieht, dass die Zeit wie im Flug vergeht. Es ist aber noch ein wenig Raum für Klatsch und **Tratsch** unter den Erwachsenen und für die Kinder, um im Garten Räuber und **Gendarm** zu spielen. Als ihnen das zu langweilig wird, spielen sie sogar noch Cowboy und **Indianer**.

Dann ist es Zeit, Abschied zu nehmen. Hier und **heute** hatte Oma Erna einen wunderschönen Geburtstag ohne viel Pauken und **Trompeten**, aber mit ganz viel Lust und **Liebe**.
Nachdem alle nach Hause gegangen sind, setzt sie sich noch einmal auf ihr dunkelbraunes Sofa und ist ganz und **gar** glücklich und **zufrieden**.

Gedächtnisübungen

1. Geschenke früher – Geschenke heute

Die Teilnehmer suchen Geschenke von früher und von heute.

Früher: Modelleisenbahn, Puppe/Teddy, Kaufmannsladen, Schallplatte …

Heute: Lego, Computerspiele, Handy, Playstation …

Tipp: Sprechen Sie mit den Teilnehmern über Spiele, die man früher gespielt hat und die man heute spielt.

Früher: Gummitwist, Puzzle, Murmeln …

Heute: Skateboard fahren, Playstation, Nintendo …

2. Geburtsdaten berühmter Personen

Geben Sie den Namen einer berühmten Person vor. Die Teilnehmer überlegen gemeinsam das Geburtsdatum oder das Geburtsjahr.

Helmut Schmidt – 23.12.1918
Theodor Heuss – 31.01.1884
Peter Alexander – 30.06.1926
Marlene Dietrich – 27.12.1901
Heinz Erhardt – 20.02.1909
Heinz Rühmann – 07.03.1902
Ilja Richter – 24.11.1952
Peter Kraus – 18.03.1939
Karel Gott – 14.07.1939
Cornelia Froboess – 28.10.1943

3. Was kann man mit Geschenkpapier alles machen?

Die Teilnehmer sollen fantasievolle Ideen entwickeln, was man mit Geschenkpapier alles machen kann. Notieren Sie die Vorschläge an einem Flipchart oder an einer Tafel und versuchen Sie, 20 Möglichkeiten zu finden.

Beispiele: die Wände tapezieren, ein Kleid schneidern, als Tischdecke verwenden …

Der Friseurbesuch

Die folgende **Knobelgeschichte (Stolpersteingeschichte)** beinhaltet „falsche" Wörter, die sprachlich ähnlich klingen oder als Fremdwörter falsch interpretiert wurden.
Die Geschichte ist so aufgebaut, dass Sie als Vorleser immer bis zu einem Stolperstein lesen und so lange pausieren, bis Ihre Teilnehmer den in Klammern aufgeführten Begriff genannt haben. Die korrekten Begriffe sind für Sie als Vorleser zur schnelleren Erkennbarkeit farbig hervorgehoben.
Bevor Sie mit dem Vorlesen der Geschichte beginnen, geben Sie Ihren Teilnehmern ein paar Beispiele von Stolpersteinen (z. B. Routine – Ruine, expandieren – extrahieren). Lesen Sie dann die Geschichte langsam vor.

Lesen Sie die Geschichte erneut langsam vor und stellen Sie Ihren Teilnehmern vorab – je nach Leistungsfähigkeit – eine oder mehrere der folgenden Aufgaben:

- Merken Sie sich, wer eine neue Frisur möchte. *(Brunhilde)*
- Merken Sie sich, wer im Friseursalon arbeitet. *(Alfredo und Gitti)*
- Merken Sie sich, welche Blumen im Salon stehen. *(Gladiolen)*
- Merken Sie sich, was Brunhilde während des Zeitungslesens trinkt. *(Kaffee)*
- Merken Sie sich, wie Brunhildes neue Frisur aussieht. *(Dauerwelle, kastanienbraunes Haar)*
- Merken Sie sich, worüber Brunhilde in der Zeitung liest. *(Einbruch im Juwelierladen, Duett der Opernsänger, Interessen von Prinz Charles)*
- Merken Sie sich, welche Personen in der Geschichte vorkommen. *(Brunhilde, Alfredo, Gitti, Juwelier, Opernsänger, Prinz Charles)*

Der Friseurbesuch

Brunhilde, eine imposante Marone **(Matrone)**, mit wunderschönen, platten Haaren **(glatten Haaren)** ist auf dem Weg zu ihrem Lieblingsfriseur Alfredo.
Heute will sie sich eine Donauwelle **(Dauerwelle)** machen lassen. Brunhilde betritt den Saloon **(Salon)** und wird schon freudig von der Fritteuse Gitti **(Friseuse Gitti)** begrüßt. Diese führt sie zu einem extrabreiten Stuhl, da Brunhilde eine etwas opulente **(korpulente)** Person ist. Gitti, die technisch sehr serviert **(versiert)** ist, stellt den Stuhl mit ein paar Knopfdrücken in eine bequeme Sitzposition.
Brunhilde bemerkt sofort die frischen Gladiatoren **(Gladiolen)** an ihrem Platz. Es sind ihre Lieblingsblumen. Gitti fragt, ob heute Brunhildes Haare kondoliert **(blondiert/onduliert)** werden sollen. Brunhilde verneint, denn sie möchte im Haar eine neue Garbe **(Farbe)** sowie Donauwellen **(Dauerwellen)**.

Als Erstes bekommt sie einen Friseurtitel **(Friseurkittel)** umgehängt, den Gitti mit einem Topf **(Knopf)** verschließt. Dann wäscht Gitti Brunhilde das Haar mit einem duftenden Shampoo und massakriert **(massiert)** ihre Kopfhaut für ein paar Minuten. Nachdem Gitti die Haare mit einem Handtuch trocken frittiert **(frottiert)** hat, ruft Gitti nach ihrem Chef Alfredo.
Alfredo, der sich gerade erst von einer Grippe kreiert **(kuriert)** hat, begrüßt Brunhilde. Er klingt immer noch etwas versnobt **(verschnupft)** und seine Vase **(Nase)** sieht vom vielen Putzen rot aus.
Alfredo gibt Brunhilde mehrere Obduktionen **(Optionen)** bei der Wahl der neuen Haarfarbe. Hierzu hält er ihr eine Farbpalette mit verschiedenen Brauntönen hin. Brunhilde fällt die Auswahl bei den vielen Farben schwer. Schließlich entscheidet sie sich für ein Kastagnettenbraun

(Kastanienbraun). Um dem Ganzen noch ein wenig Pep zu verleihen, empfiehlt Alfredo, rote Strähnen einzuarbeiten. Doch Brunhilde geht damit nicht Chloroform (konform), da ihr das für ihr Alter zu gewagt ist. Nachdem dieser Punkt geklärt ist, beginnt Gitti mit der Donauwelle (Dauerwelle). Damit diese besser einwirken kann, setzt sie Brunhilde eine Taube (Haube) auf den Kopf.
Brunhilde vertreibt sich die Wartezeit mit einer Zeitschrift. Gitti reicht ihr dazu eine Tasse Kaffee. Es steht ein spannender Artikel über einen Juwelenraub in der Zeitschrift. Der Jubilar (Juwelier) wurde niedergeschlagen und ein großer Anästhesist (Amethyst) aus der Ladentheke entwendet. Ein weiterer Artikel informiert über zwei Opernsänger, die zusammen ein Duell (Duett) gesungen haben. Zum Schluss liest sie noch einen Artikel über das britische Königshaus, der über Prinz Charles Kompressen (Interessen) berichtet.

Endlich ist es so weit: Alfredo kann mit dem Haareschneiden beginnen. Er erzählt Brunhilde, dass er letzte Woche ein Delikt (Defizit) in der Kasse hatte, das für ihn sehr gravierend war. Da hatte ihn wohl einer seiner Kunden mit einem Tick (Trick) beim Geldwechseln beschummelt. Mit viel Ruine (Routine) und etwas Transpiration (Inspiration) vollendet er Brunhildes neue Frisur. Sie ist ganz begeistert, was Alfredo mit Würste (Bürste) und Schwamm (Kamm) alles vollbringen kann. Zum Schluss setzt er ihr noch eine kleine, silberne Zange (Spange) in die Haare.
Als Brunhilde ihr Spiegelbild erblickt, ist sie ganz entzückt und macht Alfredo große Komplimente. Sie findet, dass sie mit der neuen Frisur und Haarfarbe gut zehn Jahre jünger aussieht.
Nach so vielen Alimenten (Komplimenten) von Brunhilde meint Alfredo, er müsste mit seinem Friseursaloon (Friseursalon) unbedingt extrahieren (expandieren).

Gedächtnisübungen

1. Brainstorming

Die Teilnehmer überlegen, welche Gegenstände es in einem Friseurgeschäft gibt.

Beispiele: Bürste, Kamm, Shampoo …

2. Wortsammlung

Die Teilnehmer suchen zu vorgegebenen Wörtern passende Unterbegriffe.

Beispiele:

a. **Bürste:** Zahnbürste, Toilettenbürste, Spülbürste …

b. **Kamm:** Bergkamm, Hahnenkamm, Haarkamm …

c. **Becken:** Waschbecken, Schwimmbecken, Spülbecken …

d. **Band:** Haarband, Gummiband, Strumpfband …

3. Themenwörter gesucht

Schreiben Sie den Begriff „Frisur“ senkrecht an ein Flipchart oder an eine Tafel. Somit ist jeweils ein Anfangsbuchstabe vorgegeben, zu dem die Teilnehmer Wörter aus dem Friseurbereich suchen.

Beispiele:

F = Föhn, Frisierplatz, Frisierstuhl …

R = Rasierer, Rückwärtswaschbecken, Rollhocker …

I = innovative Haarschnitte, interessante Farben, Illustrierte …

S = Stielkamm, Spiegel, Spitzenpapier …

U = Umhang, Undercut, Untertasse …

R = rote Farbe, Rechnung, Rollwagen …

Am Fahrkartenautomaten

Die folgende **Knobelgeschichte (Sprichwortgeschichte)** beinhaltet unterschiedliche Sprichwörter und Redewendungen. Die Geschichte ist so aufgebaut, dass Sie als Vorleser immer den Anfang eines Sprichwortes bzw. einer Redewendung lesen und so lange pausieren, bis Ihre Teilnehmer das Ende genannt haben. Das Ende ist für Sie als Vorleser zur schnelleren Erkennbarkeit farbig hervorgehoben.

Lesen Sie die Geschichte erneut langsam vor und stellen Sie Ihren Teilnehmern vorab – je nach Leistungsfähigkeit – eine oder mehrere der folgenden Aufgaben:

- Merken Sie sich, wieso Otto seine Karte am Fahrkartenautomaten kaufen muss. *(Das Servicecenter wurde geschlossen.)*
- Merken Sie sich, wie die Schwester von Otto heißt und wo sie wohnt. *(Leni – Hamburg)*
- Merken Sie sich, wie das erste Sprichwort von Otto in der Geschichte heißt. *(Man soll den Tag nicht vor dem Abend loben.)*
- Merken Sie sich, wie viele Sprichwörter und Redewendungen in der Geschichte vorkommen. *(17)*

Am Fahrkartenautomaten

Haben Sie auch schon einmal an einem Fahrkartenautomaten gestanden und versucht, eine Fahrkarte zu kaufen? Wenn man so etwas zum ersten Mal macht, ist das gar nicht so einfach. Das findet auch Otto, von dem unsere Geschichte nun erzählt.

Otto, ein rüstiger Rentner, freut sich auf seinen Besuch bei seiner Schwester Leni. Diese wohnt in Hamburg. Otto, der keinen Führerschein besitzt, fährt mit der Bahn dorthin.
Gut gelaunt und voller Vorfreude, was der Tag wohl bringen mag, kommt Otto am Bahnhof an. Wie gewohnt, möchte er sich im Servicecenter seine Fahrkarte kaufen. Doch was ist das? Das Center wurde geschlossen und stattdessen ein Fahrkartenautomat aufgestellt. Otto ist im ersten Moment völlig überrumpelt und murmelt: „Man soll den Tag **nicht vor dem Abend loben**." Etwas verunsichert steht Otto nun vor dem Fahrkartenautomaten und denkt sich: „Aller Anfang **ist schwer**, doch ich werde das Kind **schon schaukeln**. Außerdem wird nichts so heiß gegessen, **wie es gekocht wird**. Frisch gewagt, **ist halb gewonnen**." Und so zückt Otto seine Brille aus der Jackentasche, damit er die Anweisungen besser lesen kann. Ein wenig verunsichert, wie er den Automaten bedienen soll, drückt er auf das untere, linke Feld. Doch leider tut sich überhaupt nichts. „Gut Ding **will Weile haben**", flüstert Otto vor sich hin, denn es ist noch kein Meister **vom Himmel gefallen**.

Otto schickt ein Stoßgebet zum Himmel. Seine geplante Abfahrtszeit rückt immer näher und er hat immer noch keine Fahrkarte. „Ich frage lieber einmal nach", denkt sich Otto und schaut sich suchend nach Hilfe um. Doch weit und breit ist niemand zu sehen.
„In der Ruhe **liegt die Kraft**", macht sich Otto Mut und wendet sich

wieder dem Fahrkartenautomaten zu. „Einmal **ist keinmal**“ seufzt er und tippt nun auf das untere, rechte Feld des Automaten. Otto atmet erleichtert auf, als ihm endlich ein Eingabefeld angezeigt wird. „Es geschehen noch **Zeichen und Wunder**“ murmelt er leise, während er den weiteren Anweisungen folgt. „Ziel wählen und über die Tastatur eingeben“, liest Otto und macht sich sogleich ans Werk. Nachdem er Hamburg eingegeben hat, wird er aufgefordert, seine Fahrkartenart auszuwählen. Versehentlich drückt Otto auf die falsche Stelle und muss wieder von Neuem beginnen. „Aller guten Dinge **sind drei**“ denkt sich Otto und fängt mit dem ganzen Prozedere von vorn an.

Mittlerweile stehen hinter Otto zwei weitere Fahrgäste, die sich eine Fahrkarte ziehen möchten. „Irren **ist menschlich**“, entschuldigt sich Otto und konzentriert sich sogleich wieder auf seinen Fahrkartenkauf. Ein Blick auf seine Armbanduhr zeigt ihm, dass in 15 Minuten sein Zug eintreffen wird. „Wo ein Wille ist, **ist auch ein Weg**“, denkt sich Otto. Nachdem er es dann doch geschafft hat, alle Anweisungen richtig auszuführen, wirft ihm der Fahrkartenautomat endlich seinen Fahrschein aus. „Was lange währt, **wird endlich gut**“, hört Otto eine ungeduldige Stimme hinter sich.
„Den Letzten **beißen die Hunde**“, meldet sich eine andere Stimme. „Wenn ich Pech habe, kann ich meinem Zug hinterherwinken.“
Mit einem verlegenen Lächeln entschuldigt sich Otto bei den beiden Wartenden und begibt sich auf den Bahnsteig.
Keine zwei Minuten später sitzt er bereits im Zug nach Hamburg. „Das war knapp“, murmelt Otto, während er seine Reisetasche verstaut. „Übung macht **den Meister**“ denkt er zuversichtlich. „Beim nächsten Mal wird es am Fahrkartenautomaten mit meinem Fahrschein besser klappen, denn hinterher ist man **immer klüger**.“

Gedächtnisübungen

1. Sprichwörter zum Thema Geld

Die Teilnehmer suchen Sprichwörter und Redewendungen zum Thema Geld.

Beispiele:

- Wenn es ums Geld geht, hört die Freundschaft auf.
- Wer den Pfennig nicht ehrt, ist des Talers nicht wert.
- die Zeche zahlen
- sein Geld zum Fenster hinauswerfen
- im Geld schwimmen

2. Verkehrsmittel gesucht

Die Teilnehmer nennen Verkehrsmittel, mit denen man sich fortbewegen kann.

Beispiele: Bus, Taxi, Mietauto, Roller, Motorrad, Straßenbahn, Flugzeug, Helikopter, Heißluftballon, Eisenbahn, Boot, E-Bike, Fahrrad …

Tipp: Lassen Sie jeden Teilnehmer einen Satz zu seinem genannten Verkehrsmittel bilden, wie z. B. „*Ich fahre mit dem Bus meine Tante Auguste besuchen.*“

3. Anagramm

Schreiben Sie das Wort „Fahrkartenautomat“ an ein Flipchart oder an eine Tafel. Aufgabe der Teilnehmer ist es, möglichst viele Wörter mit den Buchstaben zu bilden. Wurde ein Wort gefunden, dürfen für das nächste Wort wieder alle Buchstaben verwendet werden.

Beispiele: Fahrkarte – Auto – Tomate – Art – Fakten – Matte …

Das Märchenprojekt

Die folgende **Knobelgeschichte (Rätselgeschichte)** beinhaltet unterschiedliche Märchen, die in Rätseln versteckt sind.
Die Geschichte ist so aufgebaut, dass Sie als Vorleser die Geschichte immer bis zur farbig hervorgehobenen Klammer vorlesen und so lange pausieren, bis Ihre Teilnehmer das gesuchte Märchen nennen. Die Lösung ist für Sie als Vorleser zur schnelleren Erkennbarkeit farbig hervorgehoben.

Lesen Sie die Geschichte erneut langsam vor und stellen Sie Ihren Teilnehmern vorab – je nach Leistungsfähigkeit – eine oder mehrere der folgenden Aufgaben:

- Merken Sie sich, wie der Name der Klassenlehrerin lautet. *(Frau Buchholz)*
- Merken Sie sich, welches Fach die Klassenlehrerin unterrichtet. *(Deutsch)*
- Merken Sie sich, aus wie vielen Schülern eine Kleingruppe besteht. *(vier Schülern)*
- Merken Sie sich, wie viele Märchen-Stationen es gibt. *(sechs Stationen)*
- Merken Sie sich die Namen der Kinder, die in der Geschichte genannt werden. *(Tom, Peter, Lisa)*
- Merken Sie sich, welche Märchen die Schüler als Rätsel darstellen. *(Die Bremer Stadtmusikanten, Der Wolf und die sieben Geißlein, Schneewittchen, Das tapfere Schneiderlein, Hänsel und Gretel, Rumpelstilzchen)*

Das Märchenprojekt

Heute ist ein besonderer Tag in Toms Schule. Er nennt sich Projekttag. Das bedeutet, dass jede Klasse zu einem bestimmten Thema etwas erarbeitet. Frau Buchholz, die Deutschlehrerin, hat ein Märchenprojekt angekündigt. Tom ist schon ganz gespannt, was er und die anderen Schüler da wohl machen sollen.

Frau Buchholz erwartet die Klasse schon mit einem Strahlen im Gesicht. Als sich alle Schüler an ihren Platz gesetzt haben, erklärt Frau Buchholz das Märchenprojekt: „Wir werden verschiedene Stationen einrichten. In Kleingruppen aus vier Schülern müsst ihr euch ein Rätsel zu einem Märchen überlegen. Eure Eltern dürfen dann heute Nachmittag erraten, welche Märchen ihr in euren Rätseln versteckt habt."
Die Kinder freuen sich über diese spannende Herausforderung und alle beginnen, Rätsel zu erstellen.

Der Vormittag geht schnell vorbei und dann kommen auch schon die Eltern. Begleiten wir Frau Buchholz, die Schüler und Eltern bei ihrem Rundgang.
An der ersten Station stehen übereinandergestapelt ein Plüschesel, ein Stoffhund, eine Katze aus Plastik und das Bild von einem Hahn. „Um welches Märchen handelt es sich? ", ruft Tom. **(„Die Bremer Stadtmusikanten")** Das hat ja super geklappt.

Dann geht Frau Buchholz weiter zur nächsten Station. Hier hat sich ein Schüler in ein provisorisches Bett mit einer rot karierten Bettdecke gelegt. Er sagt: „Was rumpelt und pumpelt in meinem Bauch herum? Ich meinte, es wären sechs Geißlein, so sind's lauter Wackersteine." **(„Der Wolf und die sieben Geißlein")** Das ist ein Spaß und schon geht es weiter.

An der nächsten Station haben die Kinder einen großen Spiegel aufgebaut. Dahinter hat sich Peter, einer der Schüler, versteckt. Er spielt die Stimme des Spiegels. Lisa, seine Klassenkameradin, hat sich ein hübsches, weißes Kleid mit ganz vielen Pailletten angezogen. Sie setzt sich vor den Spiegel und sagt: „Spieglein, Spieglein an der Wand, wer ist die Schönste im ganzen Land?“
Peter, als Stimme des Spiegels, antwortet: „Frau Königin, ihr seid die Schönste hier, aber ...“ Plötzlich kommt er ins Stocken, denn er kann seine eigene Schrift auf seinem Spickzettel nicht lesen und improvisiert: „... aber Brunhilde ist tausendmal schöner als ihr.“ **(„Schneewittchen“)**
Frau Buchholz lacht herzlich und geht gespannt weiter.

Jetzt kommt sie an einen Tisch. Auf diesen haben die Kinder einen Gürtel, sieben Plastikfliegen, einen Käse und einen Stein gelegt. **(„Das tapfere Schneiderlein“)** Frau Buchholz ist begeistert, was sich die Kinder alles ausgedacht haben.

An der nächsten Station steht ein großer Karton mit zwei großen Löchern, durch die Frau Buchholz ihre Hände steckt. Sie fühlt etwas Klebriges, das eine Süßigkeit sein könnte, kleine, glatte Kieselsteine und ein Stückchen altes, trockenes Brot. **(„Hänsel und Gretel“)**

An der letzten Station tanzt ein Schüler um einige Holzscheite herum. Eine Schülerin hält ein Puppenbaby im Arm und täuscht vor, dass sie weint. Sie sagt immer wieder: „Wenn ich doch nur seinen Namen wüsste.“ **(„Rumpelstilzchen“)**
Dann ist der tolle Projekttag vorbei und alle Eltern bedanken sich bei der Lehrerin Frau Buchholz und ihren Kindern.

Gedächtnisübungen

1. Märchen, in denen Tiere eine Rolle spielen

Die Teilnehmer suchen nach Märchen, in denen Tiere vorkommen.

Beispiele: Die sechs Schwäne, Der Wolf und die sieben Geißlein, Schneeweißchen und Rosenrot, Der Froschkönig, Tischlein, deck dich …

2. Zitate aus Märchen

Lesen Sie den Teilnehmern Zitate aus bekannten Märchen vor. Diese nennen das dazugehörige Märchen.

Beispiele:

a. „Ich bin so satt, ich mag kein Blatt." *(Tischlein, deck dich)*
b. „Wer hat von meinem Tellerchen gegessen?" *(Schneewittchen)*
c. „Etwas Besseres als den Tod findest du überall." *(Die Bremer Stadtmusikanten)*
d. „Heinrich, der Wagen bricht." *(Der Froschkönig)*
e. „Sesam, öffne dich." *(Ali Baba und die 40 Räuber)*

3. Märchen-Erlebnisschachtel

Legen Sie unterschiedliche Gegenstände oder Bilder auf einem Tisch oder am Boden gut sichtbar aus. Anhand der Gegenstände versuchen die Teilnehmer, herauszufinden, um welches Märchen es sich handelt.

Beispiele:

a. Spiegel = Schneewittchen
b. Brot = Frau Holle
c. Fliegenklatsche = Das tapfere Schneiderlein
d. Schokoladen-Goldtaler = Tischlein, deck dich, Die Sterntaler
e. Erbsen oder Schuh = Aschenputtel

Was sich liebt, das küsst sich

Die folgende **Knobelgeschichte (Verwechslungsgeschichte)** beinhaltet Sprichwörter und Redewendungen, in denen immer ein Wort verwechselt wurde.
Die Geschichte ist so aufgebaut, dass die Teilnehmer die korrekten, vollständigen Redewendungen bzw. Sprichwörter nennen. Die korrekten Wörter sind für Sie als Vorleser zur schnelleren Erkennbarkeit farbig hervorgehoben.
Bevor Sie mit dem Vorlesen der Geschichte beginnen, geben Sie Ihren Teilnehmern ein paar Beispiele von inkorrekten und korrekten Redewendungen und Sprichwörtern (Was sich liebt, das küsst sich. – Was sich liebt, das neckt sich. Aus den Stiefeletten kippen – aus den Latschen kippen) Lesen Sie dann die Geschichte langsam vor.

Lesen Sie die Geschichte mit den korrekten Sprichwörtern und Redewendungen erneut langsam vor und stellen Sie Ihren Teilnehmern vorab – je nach Leistungsfähigkeit – eine oder mehrere der folgenden Aufgaben:

- Merken Sie sich, welche Personen in der Geschichte vorkommen. *(Eleonore, Mutter Anna, Paul)*
- Merken Sie sich, welche Redensart 2-mal vorkommt. *(die Gelegenheit beim Schopf packen)*
- Merken Sie sich, wie viele Redensarten und Sprichwörter vorkommen. *(30)*

Was sich liebt, das küsst sich

Immer wieder versucht Eleonore, ihre Mutter Anna zu überreden, sie zu einem Tanzkurs anzumelden. Doch jedes Mal hat Eleonore den Falschen **(Kürzeren)** gezogen. Die Mutter ist nicht bereit, Eleonore einen Tanzkurs zu bezahlen. Würde Eleonore ein Instrument spielen wollen, wäre das etwas anderes. Doch das Tanzen ist für Mutter Anna eine brotlose Kunst.

Doch Eleonore will nichts unversucht lassen. Also packt sie die Gelegenheit beim Bart **(Schopf)** und hilft ihrer Mutter tatkräftig beim Frühjahrsputz. Mutter Anna sagt immer, dass es bei ihnen wie bei Müllers **(Hempels)** unterm Sofa aussieht. Eleonore hat zwar von Tüten **(Tuten)** und Blasen keine Ahnung, wie alles geputzt wird, aber für sie geht es um die Salami **(Wurst)**. Beim streifenlosen Putzen der Fenster führt sie einen Apfelsinentanz **(Eiertanz)** auf. Es ist ihr bis heute ein Heft **(Buch)** mit sieben Siegeln, wie ihre Mutter Anna das so gut schafft.
Nach acht Stunden Arbeit ist das Haus blitzeblank und ihre Mutter sehr glücklich. Deswegen packt Eleonore die Gelegenheit beim Hosenbein **(Schopf)** und spricht ihre Mutter erneut auf den Tanzkurs an. Diesmal kann sie ihrer Mutter Marmelade **(Honig)** ums Maul schmieren und sie überzeugen, dass man für einen Tanzkurs keine Diamanten **(kein Geld)** zum Fenster herauswirft. Kurzerhand greift Mutter Anna zum Telefonhörer und meldet Eleonore für die Tanzstunde am nächsten Tag an.

Als Eleonore am nächsten Morgen aufwacht, schwebt sie schon auf Wolke 99 **(sieben)**. Heute ist es endlich so weit. Sie wird ihre erste Tanzstunde besuchen. Erfreut steht Eleonore ganz früh auf, denn Morgenstund hat Glück **(Gold)** im Mund. Mit einem lachenden und einem tränenden **(weinenden)** Auge blickt Eleonore in ihren Kleiderschrank.

„Welches Kleid soll ich nur anziehen?", fragt sie sich. Es ist wie die Suche nach dem Nagel (der Nadel) im Heuhaufen. Fast hätte sie das Kleid (den Wald) vor lauter Bäumen nicht gesehen, aber dann ist der Cent (der Groschen) gefallen. Da hängt ihr wunderschönes, rot gepunktetes Seidenkleid. Eleonore freut sich wie ein Eisprinz (Schneekönig) und es brennt ihr unter den Füßen (Nägeln), das Kleid anzuziehen.

Endlich ist es Nachmittag. Eleonore ist auf dem Weg zur Tanzschule. Sie hat Bienen (Schmetterlinge) im Bauch, denn sie hat schon ein Ohr (Auge) auf Paul geworfen. Sie träumt davon, mit ihm über die Tanzfläche zu schweben. „Doch was ist, wenn er mir eine Tasche (einen Korb) gibt?", grübelt sie. Da würde sie sich auf die Schleife (den Schlips) getreten fühlen.

Im Tanzsaal haben sich schon alle in zwei Reihen aufgestellt. Die Mädchen stehen auf der einen und die Jungs auf der anderen Seite. Gleich werden alle, wie von der Mücke (Tarantel) gestochen, loslaufen, um sich einen Tanzpartner zu suchen, denn den Letzten beißen bekanntlich die Wölfe (Hunde).
Eleonore schiebt die Entscheidung, Paul aufzufordern, gar nicht erst auf den langen Tisch (die lange Bank). Sie macht direkt Nägel mit Beinen (Köpfen), nimmt Paul an die Hand und zieht ihn auf die Tanzfläche. Paul legt sich mächtig ins Zaumzeug (Zeug), auch wenn er ab und zu den Fladen (Faden) verliert. Die beiden bemerken, wie sie von den anderen beobachtet werden. Denen bleibt beim Anblick von Eleonore und Paul die Träne (Spuke) weg. Eleonore ist überglücklich und denkt sich: „Wer zuerst kommt, tanzt (mahlt) zuerst."

Gedächtnisübungen

1. Brainstorming

Die Teilnehmer nennen verschiedene Tanzstile.

Beispiele: Walzer, Foxtrott, Rumba ...

Tipp: Die Antworten können an ein Flipchart oder eine Tafel geschrieben werden. Die Teilnehmer ordnen anschließend die genannten Antworten in Kategorien ein, wie z. B. Standardtänze und lateinamerikanische Tänze.

2. Kreative Freizeitaktivitäten

Die Teilnehmer nennen reihum zu dem Anfangsbuchstaben ihres Familiennamens eine Freizeitaktivität.

Beispiele:

- Ich heiße Agathe **M**üller und spiele in meiner Freizeit **M**undharmonika.
- Ich heiße Hans **S**peicher und mache in meiner Freizeit **S**egelsport.
- Ich heiße Hildegard **W**eber und gehe in meiner Freizeit **w**andern.

3. Redewendungen und ihre Bedeutung

Nennen Sie den Teilnehmern eine der folgenden Redewendungen. Die Teilnehmer definieren eine Bedeutung dafür, wie z. B. „den Vogel abschießen“ = mit etwas erfolgreich sein.

a. etwas auf dem Kasten haben = klug/gebildet sein
b. unter den Tisch fallen lassen = nicht berücksichtigen
c. Butter bei die Fische! = Klartext reden, zur Sache kommen
d. Perlen vor die Säue werfen = Menschen etwas Wertvolles geben, die dies nicht schätzen

Die Chorprobe

Die folgende **Knobelgeschichte (Liedergeschichte)** beinhaltet unterschiedliche Liedtitel.

Die Geschichte ist so aufgebaut, dass Sie als Vorleser immer den Anfang eines Liedes vorlesen und so lange pausieren, bis Ihre Teilnehmer den Liedtitel bzw. die Liedzeile(n) ergänzt haben. Die zu nennenden Ergänzungen sind für Sie als Vorleser zur schnelleren Erkennbarkeit farbig hervorgehoben.

Lesen Sie die Geschichte erneut langsam vor und stellen Sie Ihren Teilnehmern vorab – je nach Leistungsfähigkeit – eine oder mehrere der folgenden Aufgaben:

- Merken Sie sich, wie der Chor heißt. *(„Die Fidelios")*
- Merken Sie sich, aus wie vielen Sängerinnen und Sängern der Chor besteht. *(30)*
- Merken Sie sich die Namen, die in der Geschichte vorkommen. *(Elli, Siegfried, Eugen)*
- Merken Sie sich, welche Lieder gesungen werden. *(Ännchen von Tharau, Auf der Reeperbahn nachts um halb eins, Am Brunnen vor dem Tore, Horch, was kommt von draußen rein, Wenn alle Brünnlein fließen, Berliner Luft, Ganz Paris träumt von der Liebe, Für mich soll's rote Rosen regnen)*

Die Chorprobe

Elli und Siegfried singen schon seit mehr als 20 Jahren in einem gemischten Chor, der sich „Die Fidelios" nennt. Jeden Dienstag treffen sie sich um 19.00 Uhr mit ihren Sangesfreunden zur Chorprobe im örtlichen Vereinshaus. Das Repertoire des Chores ist breit gefächert und alle 30 Sängerinnen und Sänger sind mit Feuereifer dabei.
Seit Wochen proben sie für das 25-jährige Jubiläum ihres Vereines, das am Wochenende stattfinden soll. Heute ist die Generalprobe. Doch vor lauter Aufregung sind alle mit ihren Gedanken nicht richtig bei der Sache. Und so ist es nicht verwunderlich, dass einige aus dem Chor sogar nicht mehr wissen, wie die Lieder heißen und wie die Liedtexte weitergehen.
Vielleicht können Sie die Chorgruppe unterstützen und ihnen bei den entsprechenden Liedern mit dem passenden Text weiterhelfen? Hören Sie also genau zu und ergänzen Sie bitte.

Heute, bei der Generalprobe, ist irgendwie alles anders als sonst. Chorleiter Eugen, der normalerweise die Ruhe in Person ist, wirkt merkwürdig fahrig und zerstreut. Da er erst vor zwei Monaten die Leitung des Chores übernommen hat, ist auch er ziemlich aufgeregt. Zu allem Übel fehlen einige Noten- und Liedblätter.
„Ob das ein gutes Omen ist?", denkt sich Elli und harrt der Dinge, die noch kommen werden.

Endlich kann es losgehen und Chorleiter Eugen stimmt das erste Lied an. „Ännchen von **(Tharau)**", hört man die Sängerinnen und Sänger aus voller Kehle singen, „ist's, die mir **(gefällt)**, sie ist mein Leben, mein Gut **(und mein Geld)**."
Nachdem alle vier Strophen gesungen sind, geht es gleich mit dem nächsten Lied, einem Schlagertitel von Hans Albers weiter.

Leider fehlen hier die Notenblätter, doch zuversichtlich beginnt der Chor, zu singen: „Auf der Reeperbahn **(nachts um halb eins)**, ob du 'n Mädel hast **(oder auch keins)**, amüsierst du dich, **(denn das findet sich)** auf der Reeperbahn nachts um halb eins."
Doch Eugen ist nicht ganz zufrieden. Einige Männer haben beim Refrain zu spät eingesetzt, sodass das Lied noch einmal geprobt werden muss. Zu dumm, dass ausgerechnet hier die Notenblätter gefehlt haben.

Nach einer kurzen Pause kann es weitergehen. Drei Volkslieder sollen hintereinander gesungen werden. „Am Brunnen **(vor dem Tore)**, da steht **(ein Lindenbaum)**", singt der Chor aus voller Brust.
Kaum haben sie das Lied zu Ende gesungen, trällern alle: „Horch, was kommt **(von draußen rein)**? Hollahi, **(hollaho)**!"
Zuletzt erklingt: „Wenn alle Brünnlein **(fließen)**, so muss **(man trinken)**, wenn ich mein Schatz **(nicht rufen darf)**, tu ich ihm **(winken)**."

Der Abschluss des Konzertes zum 25. Jubiläum soll aus einem Medley bekannter Schlagerlieder bestehen. Diese haben in den letzten Proben noch nicht ganz so gut geklappt, sodass die Sängerinnen und Sänger etwas zaghaft mit dem ersten Schlagertitel beginnen: „Ja, ja, ja, das ist die Berliner **(Luft, Luft, Luft)**, so mit ihrem holden **(Duft, Duft, Duft)**."
Bis zum Ende des Liedes werden die Stimmen immer lauter und auch Chorleiter Eugen ist äußerst zufrieden mit der Leistung seines Chores. Es folgen noch die Lieder „Ganz Paris träumt **(von der Liebe)**" und „Für mich soll's rote **(Rosen regnen)**", die ganz wunderbar vom Chor gesungen werden.
Am Ende der Chorprobe sind alle, auch Chorleiter Eugen, glücklich und zufrieden. Das 25-jährige Jubiläum kann kommen, der Chor ist bereit!

Gedächtnisübungen

1. Lieder-Abc

Die Teilnehmer suchen zu den Buchstaben des Alphabetes bekannte Volkslieder oder Schlager.

Beispiele: **A**de zur guten Nacht, **B**lau blüht der Enzian, **C**-a-f-f-e-e …

2. Summ-Rätsel

Die Teilnehmer summen reihum der Gruppe ein Lied vor. Die Gruppe errät das jeweilige Lied und stimmt es gemeinsam an.

Tipp: Bitte beachten Sie, dass vielleicht nicht jeder Teilnehmer ein Lied vorsummen möchte.

3. Sommer, ade!

Die Teilnehmer sollen Ihnen dabei helfen, die Titel und Texte bekannter Volkslieder und Schlager wieder richtigzustellen. Die korrekte Lösung steht in Klammern.

Beispiele:

a. Ein Vogel wollte Kuchen **(Hochzeit)** machen
b. Das Rudern **(Wandern)** ist des Müllers Lust
c. Im Märzen der Schuster **(Bauer)** das Leder **(die Rösslein)** einspannt
d. Tulpen aus Tirol **(Amsterdam)**
e. Weiße Nelken **(Rosen)** aus Barcelona **(Athen)**
f. Tief **(Hoch)** in dem roten Porsche **(auf dem gelben Wagen)**
g. Sommer **(Winter)**, ade! Scheiden tut weh

Wahrnehmungs-geschichten

Durch gedankliches Sehen, Riechen, Tasten, Hören und Schmecken trainieren und schärfen Sie mit diesen Geschichten die **Wahrnehmung**. Denn durch sie nehmen wir nicht nur unsere Umwelt bewusst wahr, sondern stoßen häufig auch Erinnerungen an. Sie werden überrascht sein, wie sich durch regelmäßiges Üben die Wahrnehmung verstärken kann.
Lehnen Sie sich zurück, entspannen Sie sich und begeben sich mit den Geschichten dieses Kapitels auf faszinierende Sinnesreisen.

Besuch auf dem Wochenmarkt

Bei der folgenden **Wahrnehmungsgeschichte** sollen die Teilnehmer gedanklich riechen, schmecken, hören, fühlen und sehen. Lesen Sie die Geschichte so langsam vor, dass die Teilnehmer genügend Zeit haben, die Sinneswahrnehmungen zu erfassen.

Lesen Sie die Geschichte erneut langsam vor und stellen Sie Ihren Teilnehmern vorab – je nach Leistungsfähigkeit – eine oder mehrere der folgenden Aufgaben:

- Merken Sie sich, wonach Oma Elsas Lieblingsparfum riecht. *(nach Veilchen)*
- Merken Sie sich, wie die Personen in der Geschichte heißen. *(Lina, Oma Elsa, Opa Walter, Eltern Irmgard und Gerd, Herr Knoblauch)*
- Merken Sie sich, an welchen Ständen Oma Elsa und Lina vorbeikommen. *(Obst- und Gemüsestand, Hähnchengrill, Fischstand, Blumenstand)*
- Merken Sie sich die Blumen am Blumenstand. *(rote Rosen, gelbe und weiße Tulpen, rosa Gerbera und blaue Hortensien)*
- Merken Sie sich, was Oma Elsa und Lina alles einkaufen. *(zwei Schalen Erdbeeren, gelbe Birnen, grüne, knackige Äpfel, violette Weintrauben, einige Kräuter)*

Besuch auf dem Wochenmarkt

Dieses Wochenende ist Lina bei ihrer Oma Elsa und ihrem Opa Walter zu Besuch. Ihre Eltern Irmgard und Gerd fahren mit ihrem Kegelclub an die Nordsee und haben Lina früh morgens zu den Großeltern gebracht. Zur Begrüßung umarmt Lina ihre Oma und nimmt einen leichten Duft von Veilchen wahr ... Der ist von Oma Elsas Lieblingsparfum.
Opa Walter hat sich gerade die Zähne geputzt und riecht nach Pfefferminze ... Lina freut sich, denn bei ihren Großeltern hat sie immer viel Spaß. Oma Elsa schlägt vor, dass die beiden erst einmal auf den Wochenmarkt gehen, um für das Wochenende einzukaufen.

Um zum Wochenmarkt zu gelangen, müssen sie an der Hauptverkehrsstraße entlanggehen. Hier riecht es stark nach Abgasen und es ist fürchterlich laut ... Dann biegen sie links in eine Seitenstraße ein. Jetzt ist es ruhiger. In dieser Straße blühen überall bunte Blumen und ein angenehmer Blütenduft steigt ihnen in die Nase ...

Endlich haben sie den Wochenmarkt erreicht. Lina bekommt große Augen, als sie sieht, was es hier alles zu kaufen gibt. Zuerst gehen sie zu einem Obst- und Gemüsestand. Der Verkäufer Herr Knoblauch begrüßt Oma Elsa und Lina schon von Weitem und bietet ihnen sofort knallrote Erdbeeren zum Probieren an. Diese schmecken zuckersüß und sind sehr saftig ... Davon kaufen die beiden zwei große Schalen.
Danach probieren sie dunkelblaue Heidelbeeren, die hat Lina lange nicht mehr gegessen. Sie fühlt mit ihrer Zunge die glatte Oberfläche der Früchte ...
Sie kaufen auch noch gelbe Birnen, grüne, knackige Äpfel und violette Weintrauben ... Herr Knoblauch lässt die beiden auch noch an einer Honigmelone riechen ..., die nehmen sie heute aber nicht mit.
Oma Elsa kauft an diesem Stand auch noch einige Kräuter ein.

Sie zerreibt etwas Thymian zwischen ihren Fingern und lässt Lina daran riechen ... Lina meint, dass es nach „Italien“ riecht.

Dann schlendern Oma Elsa und Lina weiter über den Wochenmarkt. Am nächsten Stand gibt es gegrillte Hähnchen. Der leckere Duft lässt ihnen das Wasser im Munde zusammenlaufen ... Sie bleiben stehen, merken dann aber die starke Wärme, die von dem Grill ausstrahlt ... und gehen weiter.
Der nächste Stand bietet frischen Fisch an. Die verschiedenen Fischarten liegen auf glitzerndem Eis ... Gut, dass der Fisch so frisch ist und nicht stinkt.
Dann kommen sie zu einem Blumenstand. Dort gibt es rote Rosen, gelbe und weiße Tulpen, rosa Gerbera und blaue Hortensien ... Als Dekoration sind Plüschschafe aufgestellt, die Lina vorsichtig mit ihren Fingern berührt. Sie fühlen sich ganz weich und flauschig an ...

Plötzlich beginnt es, zu regnen. Oma Elsa und Lina laufen schnell unter den großen, gelben Sonnenschirm, den der Gemüsehändler Herr Knoblauch aufgestellt hat, um seine Waren vor der Sonne zu schützen. Oma Elsa und Lina hören, wie Regentropfen auf den Schirm auftreffen ...
Dann wird das Geräusch immer lauter, bis es richtig prasselt ...
Sie merken, wie es immer kälter wird und kleine Wassertröpfchen ihr Gesicht benetzen ...
Viele Leute laufen aufgeregt an ihnen vorbei, spannen ihre Regenschirme auf und springen über die Pfützen, die sich überall bilden.

Das finden Oma Elsa und Lina so lustig, dass sie sich dem bunten Treiben anschließen. Übermütig springt Lina in jede Pfütze, sodass die beiden total nass zu Hause ankommen.

Gedächtnisübungen

1. Sinnesübung: Kräutergarten

Bringen Sie verschiedene, essbare Gewürzkräuter mit, wie z. B. Petersilie, Basilikum, Salbei, Thymian, Schnittlauch, Minze …

Lassen Sie immer ein Gewürzkraut reihum weiterreichen. Dabei sollen die Teilnehmer daran riechen, daran reiben, das Kraut benennen und es ggf. probieren. Anschließend berichten die Teilnehmer, wie sie die Gewürzkräuter verwendet haben.

2. Stadt-Land-Fluss mal anders

Schreiben Sie die vier Kategorien „Obst/Gemüse – Blumen – Kräuter/Gewürze – Grillmaterial“ nebeneinander in Form einer Tabelle an ein Flipchart oder eine Tafel. Geben Sie einen Buchstaben vor, wie z. B. „G“. Aufgabe der Teilnehmer ist es, zu jeder vorgegebenen Kategorie passende Begriffe zu nennen, die mit diesem Buchstaben beginnen. Fragen Sie dabei die Kategorien der Reihenfolge nach ab und schreiben Sie alle genannten Begriffe in die betreffende Spalte der Tabelle.

Beispiel

Obst/Gemüse	Blumen	Kräuter/Gewürze	Grillmaterial
Grünkohl, Granatapfel …	Gänseblümchen, Gerbera …	Gewürznelke, Gurkenkraut …	Grillhaxe, Gemüse …

3. Silbenübung

Die Teilnehmer nennen Sachen, die sie auf dem Wochenmarkt kaufen können, mit:

a. zwei Silben, wie z. B. Ap-fel, Ho-nig, Kohl-kopf …

b. drei Silben, wie z. B. Ka-rot-ten, Ro-sen-kohl, Erd-bee-ren …

c. vier Silben, wie z. B. Nek-ta-ri-nen, Au-ber-gi-nen, Ap-fel-si-nen …

Ein Tag im Luisenpark

Bei der folgenden **Wahrnehmungsgeschichte** sollen die Teilnehmer gedanklich riechen, schmecken, hören, fühlen und sehen. Lesen Sie die Geschichte so langsam vor, dass die Teilnehmer genügend Zeit haben, die Sinneswahrnehmungen zu erfassen.

Lesen Sie die Geschichte erneut langsam vor und stellen Sie Ihren Teilnehmern vorab – je nach Leistungsfähigkeit – eine oder mehrere der folgenden Aufgaben:

- Merken Sie sich, wie die Biologin im Heilpflanzengarten heißt. *(Ina)*
- Merken Sie sich, an welchen Pflanzen Elisabeth riecht. *(Zitronenmelisse, Thymian, marokkanische Minze, Maggikraut)*
- Merken Sie sich, welche Plätze Elisabeth besucht. *(Chinesischen Garten, Heilpflanzengarten, Tropenhaus, Hand- und Barfußpfad, Schmetterlingshaus, Gartencafé)*
- Merken Sie sich, was Elisabeth mit den Füßen und Händen ertastet und wie es sich anfühlt. *(**mit den Füßen:** geschmeidigen, leicht feuchten Lehm, harte Kieselsteine, warmen, weichen Sand;* ***mit den Händen:*** *dickes, ganz leichtes Bambusrohr, grobe Baumrinde, ganz glatten, kalten Stein)*

Ein Tag im Luisenpark

Zu ihrem Geburtstag hat Elisabeth von ihrer Freundin Anna einen Gutschein für einen Besuch im Luisenpark in Mannheim bekommen. Heute ist es so weit. Elisabeth ist schon ganz aufgeregt. Sie steht vor dem Parkplan und ist erstaunt, was sie hier alles machen kann.

Zuerst geht sie in den Chinesischen Garten. Hier steht das größte, originale chinesische Teehaus Europas. Es ist wunderschön mit seinen geschwungenen, schwarzen Dächern, roten, hohen Säulen und den vielen chinesischen Schriftzeichen … Am Eingang stehen auf hohen Steinsockeln zwei aus Naturstein gemeißelte, chinesische Löwen … Dahinter führt eine Holztreppe in einen großen, offenen, luftigen Raum, in dem leise, chinesische Musik ertönt … Elisabeth hört Flöten, Zimbeln, Gongs und Trommeln … Das Teehaus steht in einem künstlich angelegten See. Bei ihrem weiteren Rundgang um das Teehaus hört sie das Plätschern eines Springbrunnens … Am Ufer des Sees sieht sie hellgrünes Schilf und riesengroßen Bambus mit kleinen, dunkelgrünen Blättern, die leicht im Luftzug des Windes tanzen … Elisabeth ist ganz ergriffen, wie friedlich und harmonisch hier alles wirkt … Bevor sie weitergeht, gönnt sie sich einen wunderbar duftenden Jasmin-Tee aus einer aufwändig verzierten Teetasse …

Als Nächstes geht Elisabeth zum Heilpflanzengarten. Der Geruch, der hier in der Luft liegt, ist einmalig … Ina, eine Biologin, steht interessierten Besuchern mit Informationen zur Seite. Sie lässt Elisabeth an Zitronenmelisse schnuppern …, die stark nach Zitrone riecht und eine belebende Wirkung haben soll. Dann riecht Elisabeth noch an Thymian, marokkanischer Minze und einem Kraut, das nach Maggi duftet … Elisabeth bedankt sich vielmals und geht weiter zum Tropenhaus.

Am Tropenhaus angekommen, sieht sie, dass die Türen von innen ganz beschlagen sind und Wassertröpfchen die Scheiben hinunterlaufen … Als Elisabeth die Tür öffnet, weiß sie, wieso. Ein feuchter, warmer Luftschwall schlägt ihr entgegen und umhüllt sie sofort … Den Besuch verschiebt sie lieber auf ein anderes Mal und schließt schnell wieder die Tür.

Weiter geht es zum Hand- und Barfußpfad. Elisabeth zieht ihre Schuhe aus und ertastet mit ihren Füßen den Boden … Es gibt geschmeidigen, leicht feuchten Lehm, harte Kieselsteine und warmen, weichen Sand … Mit den Händen ertastet sie ein dickes Bambusrohr, das ganz leicht ist, eine grobe Baumrinde und einen ganz glatten Stein, der sich ganz kalt anfühlt …

Nun geht es zum Schmetterlingshaus. Durch zwei Türen und einen Vorhang betritt Elisabeth ein Glashaus. Hier ist es ganz still … Plötzlich flattert ein großer, farbenprächtiger Schmetterling ganz nah an ihr vorbei … Elisabeth ist fasziniert und schaut ihm hinterher, als sich plötzlich ein himmelblauer Schmetterling auf ihre Schulter setzt … Er ist wunderschön und sie sieht, dass er kleine, dunkelblaue Punkte am Rand seiner Flügel hat … Ein dunkelgrüner Schmetterling setzt sich gerade auf die orangefarbene, exotische Blüte direkt vor ihr … Elisabeth verweilt noch einen Augenblick und verlässt dann das Schmetterlingshaus.

Dann hört Elisabeth ihren Magen knurren.
„Jetzt brauche ich eine Stärkung," denkt sie und geht zum Gartencafé. Dort angekommen, setzt sie sich in den Schatten unter einen großen Baum … Sie bestellt Kaffee und Kuchen. Der Kaffee duftet herrlich und der noch etwas warme Apfelkuchen mit der kalten Schlagsahne ist ein Genuss … Was für ein herrlicher Tag.

Gedächtnisübungen

1. Garten-Suche

Die Teilnehmer suchen nach unterschiedlichen Arten von Gärten.

Beispiele: Chinesischer Garten, Botanischer Garten, Schrebergarten, Tiergarten, Hochseilgarten, Rosengarten, Kindergarten, Ziergarten ...

2. „Tee-Füllwörter"

Schreiben Sie nachfolgende Übung an ein Flipchart oder eine Tafel. Die Teilnehmer suchen Wörter, die in die Mitte passen, sodass zwei neue, sinnvoll zusammengesetzte Wörter entstehen. Wenn es sprachlich erforderlich ist, dürfen Buchstaben hinzugefügt oder weggelassen werden.

Beispiele:	**Mögliche Lösungen:**	
Tee (?) Schlag	Wagen	→ Teewagen/Wagenschlag
Tee (?) Heim	Rosen	→ Teerosen/Rosenheim
Tee (?) Druck	Sieb	→ Teesieb/Siebdruck
Tee (?) Tier	Beutel	→ Teebeutel/Beuteltier
Tee (?) Fleisch	Kessel	→ Teekessel/Kesselfleisch
Tee (?) Salat	Wurst	→ Teewurst/Wurstsalat
Tee (?) Zange	Gebäck	→ Teegebäck/Gebäckzange

3. Um die Ecke gedacht

Lesen Sie nachfolgende Umschreibungen vor, die Teilnehmer nennen das passende Lösungswort, wie z. B. Getränk mit Gebäude = Tee-/Kaffeehaus

Beispiele:

a. Köln mit großer, gepflegter Grünfläche = Stadtpark

b. wertvolles Wassertier in einem Gewässer = Goldfischteich

c. fliegendes, hübsches Insekt mit Angelutensil = Schmetterlingsnetz

Der Waldspaziergang

Bei der folgenden **Wahrnehmungsgeschichte** sollen die Teilnehmer gedanklich riechen, schmecken, hören, fühlen und sehen. Lesen Sie die Geschichte so langsam vor, dass die Teilnehmer genügend Zeit haben, die Sinneswahrnehmungen zu erfassen.

Lesen Sie die Geschichte erneut langsam vor und stellen Sie Ihren Teilnehmern vorab – je nach Leistungsfähigkeit – eine oder mehrere der folgenden Aufgaben:

- Merken Sie sich, wie die beiden Freundinnen heißen. *(Heidi und Katharina)*
- Merken Sie sich, welche Tiere die beiden Freundinnen sehen und hören. *(**sehen:** zwei Rehe mit Kitz, ein Eichhörnchen; **hören:** Kohlmeisen, Buchfinken, Specht, Kuckuck, Bienen)*
- Merken Sie sich, welche Blumen und Pflanzen die beiden Freundinnen auf ihrem Waldspaziergang sehen. *(Buschwindröschen, Märzenbecher, Leberblümchen, Duftveilchen, Buchen, Eichen, Birken, Bärlauch, Rosen, Gänseblümchen, Sumpfdotterblumen, Huflattich, Löwenzahn)*

Der Waldspaziergang

Lieben Sie die Natur mit all ihren Farben und Düften? Dann möchte ich Sie nun zu einem kleinen Spaziergang mit den beiden Freundinnen Heidi und Katharina in den Wald einladen.

Einmal in der Woche treffen sich Heidi und Katharina zu einem gemeinsamen Spaziergang im nahe gelegenen Wald. Heute ist es wieder so weit. Es ist ein herrlicher Apriltag und die Sonne scheint von einem strahlend blauen Himmel herab ... Heidi und Katharina freuen sich über das schöne Wetter und genießen die warmen Sonnenstrahlen auf ihrem Körper ... Die Wärme tut richtig gut, denn die letzten Tage hatte es nur geregnet ... Schon bald haben die beiden den Wald erreicht. Große Blütenteppiche weiß blühender Buschwindröschen, so weit das Auge reicht, säumen den Wegesrand rechts und links ... Aber auch Märzenbecher sowie blaue Leberblümchen und lilafarbene Duftveilchen sind zu sehen ... Der Waldboden riecht vom Regen nach frischer Erde ... Er fühlt sich unter ihren Schuhen angenehm weich an ...

Das frische Blätterwerk der vielen Buchen, Eichen und Birken zeigt sich in den unterschiedlichsten Grüntönen ... In den Ästen der Bäume sitzen Kohlmeisen sowie Buchfinken und zwitschern fröhlich vor sich hin ... In der Ferne ist das Hämmern eines Spechts zu hören sowie der leise Ruf eines Kuckucks ...
Der Spazierweg von Heidi und Katharina führt an einem kleinen Waldsee vorbei ... Heidi lässt, wie jedes Mal, ein paar flache Steine übers Wasser hüpfen, ehe die zwei ihren Weg fortsetzen ...
Auf einmal bleiben sie wie angewurzelt stehen, denn nicht weit von ihnen entfernt entdeckt Katharina zwei Rehe mit einem Kitz ... Doch es dauert nicht lange, bis sie von der kleinen „Rehfamilie“ bemerkt werden und alle drei ins schützende Dickicht davonspringen ...

Heidi und Katharina setzen ihren Waldspaziergang fort und nehmen nach kurzer Zeit einen zart nach Knoblauch riechenden Geruch in ihrer Nase wahr ... Etwas vom Wegesrand entfernt, entdecken sie einen großen Platz, der mit Bärlauch übersät ist ... Eine andere Spaziergängerin ist dabei, sich ihren mitgebrachten Korb damit zu füllen. Heidi und Katharina pflücken einige Blätter und lassen sich diese auf ihrem weiteren Spaziergang schmecken ... Sie beschließen, nächste Woche ebenfalls Bärlauch für selbst gemachtes Pesto sowie Bärlauchbutter zu sammeln. Ihr Weg führt sie nun an der Waldkapelle vorbei. Wie immer gehen beide hinein, zünden eine Kerze an und halten für kurze Zeit inne ... Auf dem kleinen Altar steht ein frischer Strauß weißer Rosen, der einen angenehmen Duft verbreitet ... Auch die zahlreichen Kerzen, die die Besucher vor ihnen schon angezündet haben, verströmen einen zarten Wachsgeruch ...

Langsam wird es aber Zeit, den Rückweg einzuschlagen. Heidi und Katharina kommen dabei an einer riesigen, alten Eiche vorbei, deren Rinde sie mit ihren Händen befühlen ... Die Rinde fühlt sich angenehm warm an ... Ein raschelndes Geräusch lässt beide nach oben blicken. Sie entdecken ein Eichhörnchen, das von Ast zu Ast hüpft ...
Das letzte Stück ihres Weges führt die beiden an einer großen Wiese vorbei, ehe es wieder in den Wald geht. Hier blühen zahlreiche, weiße Gänseblümchen, gelbe Sumpfdotterblumen sowie gelber Huflattich und Löwenzahn ... Mitten auf der Wiese hat ein Imker seine beiden Bienenvölker aufgestellt. Mit einem Summen und Brummen der fleißigen Honigsammler im Ohr beenden Heidi und Katharina nach kurzer Zeit ihren sonnigen Waldspaziergang und freuen sich bereits auf nächste Woche.

Gedächtnisübungen

1. Wörter mit Wald gesucht

Die Teilnehmer suchen Wörter, die mit dem Wort „Wald“ beginnen oder enden.

Beispiele: Waldameisen, **Wald**frevel, Tannen**wald**, Schwarz**wald** …

2. Wer muss raus?

Lesen Sie den Teilnehmern die fünf Begriffe einer Reihe vor. Die Teilnehmer überlegen, welcher der Begriffe ausgeschlossen werden muss.

Beispiele:

a. Lärche – Föhre – Zirbe – **Eibe** – Weißtanne
Lösung: Die Eibe ist kein Kieferngewächs.

b. **Seidelbast** – Berberitze – Haselnuss – Erle – Salweide
Lösung: Der Seidelbast ist giftig.

c. Hainbuche – Esskastanie – **Echte Trauerweide** – Korbweide – Rotbuche
Lösung: Die Echte Trauerweide stammt aus China, alle anderen aus Europa.

3. Anfangswort gesucht

Lesen Sie den Teilnehmern fünf Substantive vor. Die Teilnehmer suchen ein gemeinsames Anfangswort. Das Anfangswort steht in Klammern und wird daher nicht vorgelesen.

Beispiele:

a. (Wurzel-) Werk – Stock – Bürste – Zeichen – Füßer
b. (Holz-) Weg – Wolle – Wurm – Bläser – Kohle
c. (Blatt-) Gold – Werk – Salat – Schuss – Einzug
d. (Wald-) Boden – Tier – Meister – Rand – Moos

Besuch in der Backstube

Bei der folgenden **Wahrnehmungsgeschichte** sollen die Teilnehmer gedanklich riechen, schmecken, hören, fühlen und sehen. Lesen Sie die Geschichte so langsam vor, dass die Teilnehmer genügend Zeit haben, die Sinneswahrnehmungen zu erfassen.

Lesen Sie die Geschichte erneut langsam vor und stellen Sie Ihren Teilnehmern vorab – je nach Leistungsfähigkeit – eine oder mehrere der folgenden Aufgaben:

- Merken Sie sich den Namen der Bäckerei. *(Kornspitz)*
- Merken Sie sich die Namen der beiden Freundinnen. *(Renate und Elisabeth)*
- Merken Sie sich, wie viele Personen in der Geschichte vorkommen. *(fünf Personen – Renate, Elisabeth, Bäckermeister Kornspitz sowie zwei Bäckergesellen)*
- Merken Sie sich, was in der Backstube gebacken wird. *(Brot, Apfelkuchen, Käsekuchen, Frankfurter Kranz, Gewürzkuchen, Marzipancroissants)*
- Merken Sie sich, welche Gerüche in der Geschichte beschrieben werden. *(frische Hefe, Sauerteig, Äpfel, Zimt, Muskat, Lebkuchengewürz, Brot, Apfelkuchen, Krokant, Marzipan, Käsekuchen)*

Besuch in der Backstube

Renate, eine begeisterte Hobbybäckerin, hat von ihrer Freundin Elisabeth zum 70. Geburtstag einen Gutschein für eine Bäckereibesichtigung geschenkt bekommen. Endlich ist es so weit und die beiden Freundinnen sind nun auf dem Weg zur Bäckerei „Kornspitz".
Renate und Elisabeth werden bereits von Bäckermeister Kornspitz erwartet. Er heißt die beiden in seiner Backstube willkommen und hält schon für jede von ihnen eine Bäckerschürze sowie eine Mütze in der Hand.

In der Backstube sind bereits zwei Bäckergesellen am Werk. Renate kann es kaum erwarten, ihnen bei der Arbeit an die Hand zu gehen.
Elisabeth muss über den Eifer ihrer Freundin schmunzeln.
In der großen Teigmaschine wird schon der Brotteig geknetet und es riecht nach frischer Hefe sowie Sauerteig ... Als der Teig fertig ist, dürfen Renate und Elisabeth beim Formen der Brote helfen. Renate hat wahre Freude daran. Es macht ihr gar nichts aus, dass ihre Hände mit Mehl bestaubt sind und der Teig etwas daran kleben bleibt ... Einige Brote werden noch mit Sonnenblumen- und Kürbiskernen bestreut, ehe sie in den Backofen kommen.

Als Nächstes dürfen die beiden Freundinnen beim Kuchenbacken helfen. Neben leckerem Apfelkuchen stehen auch Käsekuchen sowie Frankfurter Kranz und Gewürzschnitten für heute auf dem Programm ... Bäckermeister Kornspitz, der stolz darauf ist, noch nach alter Tradition zu backen, zeigt Renate und Elisabeth die notwendigen Zutaten.
Die bereits geschälten Äpfel verbreiten einen süß-sauren Duft in der Backstube und Renate nimmt sich einen Apfelschnitz zum Probieren ...
„Mmh, die Äpfel duften nicht nur gut, sie schmecken auch genauso köstlich", stellt Renate fest und nimmt sich gleich noch ein zweites Stück Apfel ...

Elisabeth schnuppert derweil an den unterschiedlichen Gewürzen, die im Gewürzkuchen verarbeitet werden ... Der Geruch von Zimt erinnert sie an die Zimtsterne, die sie immer zu Weihnachten für die ganze Familie backt ... Sie riecht auch am Muskat sowie am Lebkuchengewürz und freut sich schon auf den frisch gebackenen Gewürzkuchen, den sie so gern mag ...

Derweil hat Renate den vorbereiteten Hefeteig auf mehreren Backblechen verteilt und belegt den Teig mit den Apfelstücken. Anschließend streut sie noch Rumrosinen darüber und bedeckt das Ganze mit Butterstreuseln ...
Nachdem die Bleche im Ofen sind, darf Renate den Krokant für den Frankfurter Kranz vorbereiten. Natürlich wird auch der Krokant in Bäckermeisters Kornspitz Backstube selbst hergestellt.
In einer Pfanne erhitzt Renate dazu Butter, Zucker und Mandeln unter Rühren bei mittlerer Hitze so lange, bis alles gebräunt ist ... Dann gibt sie den Krokant auf Backpapier, damit er erkalten kann, ehe später der Frankfurter Kranz damit überzogen wird.
Mittlerweile riecht es in der Backstube nach frisch gebackenem Brot, frischem Apfelkuchen und Gewürzkuchen sowie leckerem Krokant ...
Renate und Elisabeth halten ihre Nasen schnuppernd in die Luft und versuchen, die unterschiedlichen Gerüche zu bestimmen ...
Riecht es in der Backstube nicht auch nach Marzipan ...? Richtig! Während die beiden mit ihren Backwaren beschäftigt waren, hat einer der Bäckergesellen Marzipancroissants gebacken, die nun ihren herrlichen Marzipanduft verströmen ... Ebenso riecht es nach Käsekuchen, der gerade aus dem Ofen genommen wurde ...

Zum Abschluss ihres Besuches in der Bäckerstube dürfen Renate und Elisabeth natürlich noch all die leckeren Sachen probieren.

Gedächtnisübungen

1. Brainstorming

Die Teilnehmer suchen nach Geräten bzw. Dingen, die man zum Backen benötigt.

Beispiele: Schüssel, Rührgerät, Knethaken, Schneebesen, Küchenwaage …

2. Kuchenrechnen

Verschiedenen Kuchensorten werden Punkte zugeordnet. Diese können an ein Flipchart oder eine Tafel geschrieben werden. Stellen Sie anschließend verschiedene Rechenaufgaben mit den Kuchensorten.
Die Teilnehmer nennen die Gesamtsumme.

Beispiel:

Apfelkuchen = 5 Punkte
Marmorkuchen = 3 Punkte
Käsekuchen = 7 Punkte
Croissant = 2 Punkte
Brot = 8 Punkte
Brötchen = 6 Punkte

Mögliche Rechenaufgaben

a. Apfelkuchen + Käsekuchen = 12
b. Käsekuchen + Marmorkuchen – Croissant = 8
c. Marmorkuchen + Brot – Apfelkuchen = 6
d. Brötchen – Marmorkuchen + Käsekuchen + Brot = 18

3. Kuchen bzw. Backwaren mit geografischen Begriffen gesucht

Die Teilnehmer suchen nach Kuchensorten und Backwaren, die mit einem geografischen Begriff verbunden sind.

Beispiele: Schwarzwälder Kirschtorte, Linzer Torte, Frankfurter Kranz, Pariser Kranz, Donauwelle, Amerikaner, Berliner, Florentiner, Schweizer Rüblitorte, Dresdner Stollen …

Das Grillfest

Bei der folgenden **Wahrnehmungsgeschichte** sollen die Teilnehmer gedanklich riechen, schmecken, hören, fühlen und sehen. Lesen Sie die Geschichte so langsam vor, dass die Teilnehmer genügend Zeit haben, die Sinneswahrnehmungen zu erfassen.

Lesen Sie die Geschichte erneut langsam vor und stellen Sie Ihren Teilnehmern vorab – je nach Leistungsfähigkeit – eine oder mehrere der folgenden Aufgaben:

- Merken Sie sich, wo Mutter Lilli und Oma Thea einkaufen. *(Markt, Metzger, Bäcker)*
- Merken Sie sich, was die beiden Frauen einkaufen. *(Salat, Kräuter, Grillwürste und -steaks, verschiedene Brotsorten)*
- Merken Sie sich, was die Nachbarn mitbringen. *(Erdbeerbowle, Karottensalat)*
- Merken Sie sich, was Mutter Lilli und Oma Thea alles vorbereiten. *(grünen und braunen Eichblattsalat, Kräuterbutter, Kartoffel- und Nudelsalat)*
- Merken Sie sich, womit der Tisch eingedeckt wird. *(rote Leinentischdecke, weißes Geschirr, Besteck, rot-weiß karierte Servietten, Vase mit Margeriten, weiße Kerzen)*
- Merken Sie sich die Personen in der Geschichte. *(Vater Erwin, Mutter Lilli, die Kinder Tim und Jule, Oma Thea, die Nachbarn Heinz und Elke)*

Das Grillfest

Das Wochenende steht vor der Tür. Der Wetterbericht sieht Sonnenschein und Temperaturen bis zu 30 Grad vor. Geniale Voraussetzungen, um endlich wieder im Garten zu grillen. Das findet auch Familie Kurz, die sogar kurzerhand eine Grillfeier mit den Nachbarn Heinz und Elke veranstalten will. Familie Kurz, das sind Vater Erwin, Mutter Lilli, die beiden Kinder Tim und Jule sowie Oma Thea.

Mutter Lilli und Oma Thea beginnen sofort mit der Planung des Grillfestes und überlegen, was sie alles dafür besorgen müssen. Am Samstagmorgen gehen beide früh zum Markt, um Salat und frische Kräuter zu kaufen … Beim Metzger besorgen sie verschiedene Grillwürste und Grillsteaks, beim Bäcker unterschiedliche Brotsorten …
Zu Hause angekommen, beginnen die beiden Frauen sofort mit den Vorbereitungen.

Während Mutter Lilli den grünen und braunen Eichblattsalat putzt und wäscht, beginnt Oma Thea die Kräuter für die Kräuterbutter klein zu hacken … Ein angenehmer Geruch von Schnittlauch, Petersilie, Bibernelle, Knoblauch und Zwiebeln liegt in der Luft …
Nachdem Oma Thea die Kräuterbutter fertiggestellt hat, füllt sie diese in ein kleines Tontöpfchen und stellt sie in den Kühlschrank.
Auch Mutter Lilli ist in der Zwischenzeit mit dem Salat fertig geworden, sodass sich die beiden dem vorgesehenen Kartoffelsalat widmen. Die Pellkartoffeln, die die ganze Zeit auf dem Ofen gegart haben, warten darauf, geschält zu werden.
Diese Arbeit übernimmt Oma Thea. Die Pellkartoffeln riechen so gut, dass sie nicht widerstehen kann, eine zu probieren … Die Kartoffel schmeckt leicht süßlich … Oma Thea läuft bereits das Wasser im Munde zusammen, wenn sie an den fertigen Kartoffelsalat denkt …

In der Küche riecht es mittlerweile nach ausgelassenem Speck und Zwiebeln ..., denn Mutter Lilli hat bereits das Dressing für den Kartoffelsalat hergestellt. Nachdem Oma Thea alle Kartoffeln geschält und in Scheiben geschnitten hat, macht Mutter Lilli den Salat fertig. Beim Abschmecken freut sie sich, dass ihr der Kartoffelsalat wieder einmal so gut gelungen ist.
Die Zeit ist wie im Flug vergangen, während die beiden fleißigen Köchinnen auch noch einen Nudelsalat vorbereitet haben.

Aus dem Garten ist der Geruch von Holzkohle wahrzunehmen, denn Vater Erwin hat den Grill vorbereitet ... Nicht mehr lange und es können die Würstchen sowie das Fleisch aufgelegt werden.
Auch die Nachbarn Elke und Heinz sind schon da. Elke hat eine leckere Erdbeerbowle mitgebracht und Heinz hält eine Schüssel Karottensalat in den Händen.
Jule hat mit ihrem Bruder Tim den großen Gartentisch eingedeckt. Eine rote Leinentischdecke, weißes Geschirr, Besteck und rot-weiß karierte Servietten zieren den Tisch ... Eine Vase mit frischen Margeriten aus dem Garten und weiße Kerzen dienen als Tischdeko ...
Vom Grill duftet es herrlich nach Käsewürstchen, Rostbratwurst und Grillsteaks, die Vater Erwin aufgelegt hat ... Man hört es brutzeln ...
Ab und zu ertönt auch ein knallendes Geräusch, wenn die Schale der Grillwürstchen aufplatzt ...

Endlich sitzen alle vereint am großen Gartentisch und lassen sich die köstlichen Salate, die leckere Kräuterbutter sowie die würzigen Grillsachen schmecken ... Während die beiden Männer Bier dazu trinken und Jule und Tim Apfelsaftschorle, lassen sich die drei Frauen Elkes fruchtige Erdbeerbowle schmecken.

Gedächtnisübungen

1. Was kann alles auf einem Grill zubereitet werden?

Die Teilnehmer überlegen, welche Lebensmittel auf einem Grill zubereitet werden können.

Beispiele: Gemüse, Fisch, Hähnchen, Feta, Kartoffeln …

Tipp: Die Antworten können an ein Flipchart oder eine Tafel geschrieben werden. Lassen Sie die Teilnehmer erzählen, wie sie die genannten Dinge gewürzt, mariniert oder zum Grillen vorbereitet haben.

2. Verstecktes Grillgut

Schreiben Sie nachfolgende Buchstabenkombinationen an ein Flipchart oder an eine Tafel. Welche Dinge zum Grillen sind gesucht? Hierzu darf nur jeder **zweite** Buchstabe gelesen werden.

Beispiele:

a. xMpAzltSlKtOrLhBnEiN = MAISKOLBEN
b. lBrOqCiKiWjUbRtSkT = BOCKWURST
c. kRwlhNwDwEgRfSbTmEbAcK = RINDERSTEAK
d. rGxEaMfÜmSyEbScPbIjEißqE = GEMÜSESPIEßE
e. hSmCpHqWiEllwNaEeNsAxCvKaEbN = SCHWEINENACKEN

3. Gemeinsames Grillbüfett

Die Teilnehmer veranstalten ein gemeinsames Grillfest.

Beispiel: Der erste Teilnehmer sagt: „Ich stelle eine Schüssel mit Nudelsalat auf das Büfett." Der zweite Teilnehmer wiederholt nun den Nudelsalat und sagt: „Ich stelle Kräuterbutter dazu." usw. Am Ende der Runde erinnern die Teilnehmer alle genannten Dinge.

Silvester

Bei der folgenden **Wahrnehmungsgeschichte** sollen die Teilnehmer gedanklich riechen, schmecken, hören, fühlen und sehen. Lesen Sie die Geschichte so langsam vor, dass die Teilnehmer genügend Zeit haben, die Sinneswahrnehmungen zu erfassen.

Lesen Sie die Geschichte erneut langsam vor und stellen Sie Ihren Teilnehmern vorab – je nach Leistungsfähigkeit – eine oder mehrere der folgenden Aufgaben:

- Merken Sie sich, wo die Silvesterparty stattfindet. *(bei Oma Gerda)*
- Merken Sie sich, wie viele Raketen Vater Manfred anzündet. *(zwei)*
- Merken Sie sich, was es zu Essen gibt. *(Frikadellen, Kartoffelsalat mit Fleischwurst, Brötchen mit Hackfleisch und Zwiebeln, Salzstangen)*
- Merken Sie sich, wie oft der Knallfrosch, den die Kinder anzünden, springt. *(3-mal)*

Silvester

Jetzt ist es gleich so weit. Es ist Silvesterabend, kurz vor Mitternacht. Die ganze Familie Schulze feiert bei Oma Gerda. Jeder hat etwas zu essen mitgebracht.
Es gibt dunkelbraun gebratene, köstlich duftende Frikadellen, Kartoffelsalat mit Mayonnaise und ganz frischer Fleischwurst, halbe Brötchen mit Hackfleisch und Zwiebeln und viele andere Köstlichkeiten ... Dazwischen stehen Gläser mit Salzstangen. Für die Kinder ist es ein Vergnügen, die kleinen Salzkristalle mit der Zunge abzulecken und dann die knusprigen Stangen zu knabbern ...

„Noch fünf Minuten", ruft Oma Gerda und öffnet mit einem lauten Knall die Sektflasche ... Der Korken fliegt gegen die Decke und der Sekt schäumt aus der Flasche ... Schnell befüllt Oma Gerda die Gläser und man hört den Sekt leise knistern ... Jeder schnappt sich ein Glas und raus geht es auf die Straße.

Ein kalter Wind schlägt ihnen entgegen ... Vater Manfred stellt schnell ein paar leere Flaschen auf und steckt die Holzstäbe der Raketen hinein. Dann hören sie die Kirchturmuhr 12-mal schlagen ... Alle fallen sich um den Hals und wünschen sich ein frohes, neues Jahr.

Schon beginnt das Feuerwerk ... Manfred zündet die erste Rakete an. Erst sieht man die Zündschnur brennen und hört ein leises Knistern ... Dann zischt die Rakete in die Luft und erleuchtet in einem wunderschönen Gelb und Weiß ... und dann Rot und Grün ... Jetzt ist die nächste Rakete an der Reihe. Die erstrahlt in Blau und Violett ...

Die Kinder möchten auch ein Feuerwerk machen. Sie werfen ihre Knallerbsen auf die Straße und erfreuen sich an dem kurzen Knall.

Es ist sehr laut in der Straße, denn auch alle Nachbarn haben Feuerwerkskörper gekauft. Vater Manfred zündet einen Knallfrosch an. Was für ein Spaß. Der Knallfrosch hüpft von rechts nach links und von links nach rechts …

Nach einer ganzen Weile wird es wieder ruhiger … Vereinzelt hören sie noch Gelächter in der Ferne oder sehen eine Rakete am Himmel … Dann ist es still. Alle gehen zurück ins Haus und merken erst jetzt, wie kalt ihre Hände geworden sind …

Die Erwachsenen machen es sich im Wohnzimmer gemütlich. Die Kinder schleichen in Oma Gerdas Schlafzimmer. Elvira, die älteste der Kinder, hat gesagt, dass sie noch eine Überraschung hat. Im Schlafzimmer zieht Elvira einen Knallfrosch und ein gelbes Feuerzeug aus der Hosentasche. Strahlend verkündet sie: „Mit diesem Knaller feiern wir unser eigenes, neues Jahr.“ Das Schlafzimmer hat einen Balkon. Leise öffnen die Kinder die Balkontür, die etwas quietscht …
Auf dem Balkon ist es bitterkalt … Elvira platziert den Knallfrosch in der Mitte des Balkons und zündet ihn an … Sie hören ein leises Zischen und Knistern … Mit einem Satz springt der Knallfrosch nach rechts. Dann ein zweiter Knall und der Knallfrosch springt wieder nach rechts. Beim dritten Knall springt er durch die offene Balkontür direkt auf Oma Gerdas weißen Plüschteppich. Die Kinder riechen den angekokelten Teppich und sehen die riesigen Brandlöcher.
Plötzlich steht Oma Gerda im Zimmer und fängt laut an, zu lachen, als sie die Bescherung sieht. „Endlich habe ich einen Grund, den alten Teppich, der mir schon lange nicht mehr gefällt, zu entsorgen.“

Gedächtnisübungen

1. Nennen Sie Glücksbringer!

Fordern Sie Ihre Teilnehmer auf, Glückbringer und einen Anlass zu nennen, wann sie diese verschenkt oder bekommen haben.

Beispiele: ein Blumentopf mit Klee zu Silvester, ein Glücksstein zu einer Prüfung, ein Glückskeks beim Chinesen …

2. Gute Vorsätze

Viele Menschen haben für das neue Jahr gute Vorsätze. Die Teilnehmer nennen mögliche Vorsätze.

Beispiele: sich gesund ernähren, wagemutig sein, öfter spazieren gehen, sich mehr bewegen, häufiger Freunde treffen, jemanden überraschen …

3. Wortkette

Schreiben Sie nachfolgende Wörter an ein Flipchart oder an eine Tafel. Aufgabe der Teilnehmer ist es, die Wörter in die richtige Reihenfolge zu bringen. Es entsteht eine Wortkette aus zusammengesetzten Wörtern. Die Wortkette beginnt mit dem Wort „Glücks" und endet mit dem Wort „Glück".

Beispiel:

Herr(en) – Ehe – Rad – Heim – Geld – Garten – Regen – Schlüssel – Sitzung(s) – Geld – Blumen – Mann – Kappe(n) – Traum – Schirm – Haus – Spiel – Tresor – Glücks – Glück

Lösung:

Glücks – Rad – Kappe(n) – Sitzung(s) – Geld – Regen – Schirm – Herr(en) – Haus – Mann – Heim – Spiel – Geld – Tresor – Schlüssel – Blumen – Garten – Traum – Ehe – Glück

Auf dem Bauernhof

Bei der folgenden Wahrnehmungsgeschichte sollen die Teilnehmer gedanklich riechen, schmecken, hören, fühlen und sehen. Lesen Sie die Geschichte so langsam vor, dass die Teilnehmer genügend Zeit haben, die Sinneswahrnehmungen zu erfassen.

Lesen Sie die Geschichte erneut langsam vor und stellen Sie Ihren Teilnehmern vorab – je nach Leistungsfähigkeit – eine oder mehrere der folgenden Aufgaben:

- Merken Sie sich, wie alt Felix ist. *(zehn Jahre)*
- Merken Sie sich, wie die Großeltern von Felix heißen. *(Opa Lutz und Oma Frieda)*
- Merken Sie sich, wie viele Ferkel auf die Welt gekommen sind. *(sieben)*
- Merken Sie sich, wie viele Eier Felix im Hühnerstall einsammelt. *(15)*
- Merken Sie sich, was später auf dem Feld wachsen wird. *(Kartoffeln)*
- Merken Sie sich, welche Tiere in der Geschichte vorkommen. *(Ferkel, Hühner, Kühe, Feldhasen, Pferde)*

Auf dem Bauernhof

Der 10-jährige Felix darf das Wochenende bei Opa Lutz und Oma Frieda auf dem Land verbringen.
Darauf freut sich Felix schon seit Tagen, denn als sogenanntes Stadtkind hat er keine Möglichkeiten, im Garten zu spielen. Außerdem haben die Großeltern einen Bauernhof und da ist immer was los.

Kaum ist Felix bei Opa Lutz und Oma Frieda angekommen, rennt er in den Stall. In der Nacht sind dort sieben kleine Ferkel auf die Welt gekommen … Als Felix in den Stall kommt, hängen alle Ferkel an den Zitzen der Mutter und trinken Milch … Felix ist von den kleinen Ferkeln ganz angetan. Opa Lutz legt ihm später eins in die Arme … Es fühlt sich weich und zart an … Felix tauft das kleine Ferkel kurzerhand auf den Namen „Babsi".
Auf einmal ist die Stimme von Oma Frieda zu hören, die zum Mittagessen ruft. Sie hat Felix' Lieblingsessen gekocht, Spaghetti bolognese. Oh, wie lecker das duftet … Und mit einer ordentlichen Portion geriebenem Käse schmeckt das Ganze noch mal so gut … Nach dem zweiten Teller ist Felix pappsatt, er kann noch nicht einmal seine Apfelschorle austrinken, sein Bauch ist einfach zu voll. Selbst den leckeren Schokoladenpudding, den Oma Frieda extra gekocht hat, muss er sich für später aufheben.

Felix beschließt, im Hühnerstall die Eier einzusammeln … Er nimmt sich ein kleines Körbchen mit und macht sich auf den Weg … Als er am Misthaufen vorbeikommt, hält sich Felix die Nase zu, denn es stinkt bis zum Himmel … Und jetzt riecht er auch die Gülle, die Opa Lutz am Tag zuvor auf dem Feld ausgefahren hat … Ja, solchen Düften ist man in der Stadt nicht ausgeliefert, da riecht es meist nur nach Autoabgasen.
Endlich hat Felix den Hühnerstall erreicht und wird mit lautem Gegacker und einem kräftigen „Kikeriki" begrüßt … Er beginnt, die Eier einzusammeln … 15 Stück liegen am Ende in seinem Körbchen.

Gerade als er den Hühnerstall verlassen möchte, passiert es. Felix rutscht aus und fällt auf seinen Allerwertesten und, wie könnte es anders sein, auch noch mitten in Hühnerkot … Zum Glück sind die Eier ganz geblieben. Doch seine Kleidung ist so verdreckt, dass er sich zuerst einmal umziehen muss. Oma Frieda lacht auch noch zu allem Elend, als sie Felix kommen sieht. Der findet das gar nicht lustig, denn er stinkt nach Hühnerkot und seine Hose sieht entsprechend schmutzig aus …

Nachdem er sich jedoch gewaschen und frische Kleidung angezogen hat, ist alles ganz schnell vergessen. Felix leistet Opa Lutz nun im Kuhstall Gesellschaft und darf beim Füttern der Kühe helfen. Das frische Heu duftet und scheint den Kühen auch gut zu schmecken … Zum Schluss bekommen die Kühe frisches Wasser und dann verlassen Felix und Opa Lutz den Stall.
Opa Lutz muss noch ein Feld eggen und nimmt Felix auf dem Traktor mit … Darauf hat Felix gewartet, denn Traktorfahren findet er absolut klasse. Mit lautem Getöse fahren die beiden vom Hof und haben das Feld bald erreicht … Vom Traktorgeräusch aufgeschreckt, sehen Felix und sein Opa zwei Feldhasen davonspringen … Später werden hier Kartoffeln wachsen, die Opa Lutz dann auf dem Markt verkaufen wird.

Auf dem Rückweg zum Bauernhof kommen sie an einer Pferdekoppel vorbei. Der Besitzer ist zufällig da und so darf Felix die Pferde nicht nur streicheln, er darf sich sogar auf eines setzen …
„Ganz schon hoch, wenn man hier oben sitzt“, denkt Felix noch und schon setzt sich das Pferd namens Holly, das vom Besitzer am Halfter geführt wird, in Bewegung … Nach ein paar Runden geht es allerdings zurück zum Hof, denn Oma Frieda wartet bereits mit dem Abendessen.

Gedächtnisübungen

1. Gebäude und Geräte rund um den Bauernhof gesucht

Die Teilnehmer nennen Gebäude und Gerätschaften, die auf einem Bauernhof zu finden sind.

Beispiele: Hühner-, Kuh- und Schweinestall, Bauernhaus, Heuschober, Traktor, Schubkarren, Mistgabel, Mähdrescher …

2. Was der Bauer alles pflanzt

Die Teilnehmer nennen Dinge, die ein Bauer auf dem Feld oder im Garten pflanzt.

Beispiele:
Getreide: Roggen, Gerste, Weizen, Hafer, Mais …
Gemüse: Wirsing, Rosenkohl, Salat, Kartoffeln …
Obst: Äpfel, Birnen, Kirschen, Zwetschgen …
Blumen: Sonnenblumen, Dahlien, Phlox, Margeriten …

3. Erklärungen gesucht

Regen Sie die Teilnehmer dazu an, durch Fragen bestimmte Begriffe zu erklären.

a. Wodurch unterscheiden sich Roggen und Gerste? *(durch ihre Grannen: Die Ähre der Gerste hat große Grannen, die des Roggens kleine.)*

b. Wodurch unterscheiden sich Weizen und Hafer? *(Der Weizen hat eine rundliche Ähre, der Hafer eine hängende Rispe.)*

c. Was bedeuten die verschiedenen Typen bei Mehlsorten, wie z. B. 405, 550 oder 812? *(Die Zahl zeigt den Ausmahlungsgrad sowie den Gehalt an Mineralstoffen, wie z. B. Magnesium und Kalium, an.)*

d. Wie kann man Karotten lange aufbewahren? *(Ungewaschene Karotten in feuchten Sand gesteckt, bleiben einige Monate haltbar.)*

Knobelgeschichten
Die Knobelgeschichten turnen das Gedächtnis Ihrer Senioren wieder wach! Es werden, je nach Geschichtenart, unterschiedliche Trainingsziele verfolgt, wie z. B. assoziatives und logisches Denken, Wortfindung, Urteilsfähigkeit, Denkflexibilität und Langzeitgedächtnis.

Wahrnehmungsgeschichten
Laden Sie Ihre Senioren dazu ein, in Gedanken auf Sinnesreisen zu gehen! Ein gezieltes Training unserer Sinne trägt dazu bei, dass wir unsere Umwelt bewusster wahrnehmen. Die Wahrnehmungsgeschichten regen dazu an, etwas bewusst mit einem, mehreren oder allen Sinnen aufzunehmen. Die Auslassungszeichen innerhalb der Geschichten kennzeichnen kurze Lesepausen, damit Ihre Teilnehmer ausreichend Zeit haben, die Wahrnehmungen besser zu empfinden.

Zum Aufbau der Geschichten

Jede Geschichte setzt sich aus einer **kurzen Anleitung** für Sie als Vorleser inkl. individuell einsetzbaren **Merkaufgaben**, der jeweiligen **Geschichte** selbst und **drei anschließenden Gedächtnisübungen** zusammen, die Sie optional im Anschluss an eine Geschichte stellen können. Dabei steigern sich sowohl die Merkaufgaben als auch die drei anschließenden Gedächtnisübungen im Schwierigkeitsgrad – von leicht bis schwer.

Tipps und Hinweise zum Einsatz

Wichtig ist, dass Sie als Anleiter alle Übungen an die **individuelle Leistungs- und Konzentrationsfähigkeit** Ihrer Teilnehmer anpassen. Wertschätzen Sie jede Äußerung – egal ob richtig oder falsch. Unterstützen Sie Ihre Teilnehmer bei Bedarf und lenken Sie Antworten in die richtige Richtung, nehmen aber keine vorweg.
Lesen Sie die Geschichten und Aufgabenstellungen unbedingt in einem **langsamen Tempo** und mit **klarer, deutlicher Stimme** vor, damit Ihre Senioren genügend Zeit haben, diese aufzunehmen.

Fit-im-Kopf-Vorlesebücher für Senioren
Was gibt's Neues, Frau Nachbarin?
Alltagsgeschichten zum Gedächtnistraining mit Übungen

Fit im Kopf bleiben Ihre Senioren mit diesem Vorlesebuch zum Gedächtnistraining! Es beinhaltet kurze, an der Lebenswelt der Senioren orientierte **Vorlesegeschichten aus dem Alltagsleben** mit **integrierten Gedächtnisübungen**, an denen sowohl **geistig fitte Senioren** als auch **Menschen mit beginnender Demenz** ihre Freude haben. Die Kurzgeschichten trainieren ganzheitlich alle Hirnleistungsbereiche, wie z. B. Konzentration, bildhaftes Vorstellungsvermögen, Wortfindung und Kreativität, aber auch logisches, assoziatives und flexibles Denken.

Zum Einsatz des Buches

■ Die Kapitel

Die Geschichten im Buch setzen sich aus vier Kapiteln zusammen:

Merkgeschichten

Mit den Merkgeschichten helfen Sie dem Gedächtnis Ihrer Senioren auf die Sprünge! Die Merkfähigkeit ist u. a. von Stimmung, Interesse und Konzentration abhängig. Mit den Merkaufgaben zu diesen Geschichten trainieren Sie die wichtige Alltagsfähigkeit, Informationen kurz- oder langfristig zu speichern und wieder abzurufen.

Bewegungsgeschichten

Mit den Bewegungsgeschichten kommen Ihre Senioren richtig in Schwung! Die Bewegungsübungen steigern die Hirndurchblutung, die wesentlich zur Gesundheit und Funktion des Gehirns beiträgt und dadurch deutlich seine Leistungsfähigkeit erhöht. Diese Geschichten sind meist gekoppelt mit weiteren Trainingszielen, wie Koordination oder flexiblem Denken.

***Achtung:** Berücksichtigen Sie unbedingt die Bewegungsfähigkeit Ihrer Teilnehmer. Bei Bewegungseinschränkungen machen diese nur so weit mit, wie es ihre Beweglichkeit erlaubt.*